Pankow
Schönhausen
BERLIN-PANKOW
Heinersdorf (Jndustriebahn)
Weißensee (Jndustriebahn)
Wartenberg
Der Weiße See
Fauler See
Oranke-See
Ober-See
Bornholmer Str
Schönhauser Allee
Prenzlauer Allee
BERLIN-WEISSENSEE
Bf Humboldthain
Berlin AEG Brunnenstraße
BERLIN NORDBF
4
Prenzlauer Berg
BERLIN STETT BF
LANDSBERGER ALLEE
Berlin Fleischgroßmarkt
BERLIN ZENTRALVIEHHOF
Berlin Zentralviehhof
Lichtenber
Oranienburger Str
Börse
BERLIN ALEXANDERPLATZ
Horst Wessel-Stadt
Berlin Zentralmarkth.
Jannowitzbrücke
BERLIN OSTBF
BERLIN FRIEDRICHSTRASSE
Mitte
Bk Holzmarkt
Berlin-Wriezener Bf
Warschauer Straße
OSTKREUZ
BERLIN FRANKFURTER ALLEE
BERLIN-LICHTENBERG
BERLIN POTSD BF
BERLIN POTSD RINGBF
BERLIN SCHLES BF
BERLIN SCHLES GBF
Neu Lichtenberg
BERLIN ANH BF
6
BERLIN GÖRL BF
Berlin Osthafen
Rummelsburg
Rummelsburg Betriebsbf
BERLIN ANH GBF
TREPTOWER PARK
Landwehr Kanal
Yorckstraße
BERLIN RUMMELSBURG
BERLIN KOLONNENSTRASSE
BERLIN-TREPTOW
15
Karlshorst Rennbf
Braunauer Straße
Bk Eichbusch
Baumschulenweg
TEMPELHOF
BERLIN-NEUKÖLLN
Bk Flughafen
Hermannstraße
Bk Oderbrücke
Kölnische Heide
BERLIN-SCHÖNEWEIDE
Teltow Kanal
Teltowkanal
13
Neukölln
BERLIN-SCHÖNEWEIDE VBF
Berlin-Schöneweide Betriebsbf
Tempelhof
Berlin-Britz
14
MARIENFELDE
Berlin-Buckow

Bernd Kuhlmann

1945

Bahnfahrten im zerstörten Berlin

transpress

Einbandgestaltung: Luis dos Santo
Titelbild: Der zerstörte Anhalter Bahnhof in Berlin von Südosten aus der Luft gesehen. Trotz der Bombeneinschläge ist die Halle und das Gebäude noch recht gut erhalten. Auf dem Vorfeld scheint bereits etwas Betrieb zu sein; ein Zeichen für die Aufnahme in den ersten Nachkriegsjahren. Das Bahngelände wurde später beräumt, die Bahnhofshalle 1959 gesprengt, von der heute nur der Portikus als Denkmal stehen geblieben ist. | *Foto: picture alliance*
Rückseite: Der Potsdamer Bahnhof im Jahre 1957 von der Straßenseite. | *Foto: Günter Meyer(†)*

Vorsatz: Ein Ausschnitt des inneren Stadtgebietes von Berlin aus einer Betriebsstreckenkarte der Reichsbahndirektion Berlin von 1943. *Dokument: Slg. Bernd Neddermeyer*
Nachsatz: Das Netz der elektrisch und mit Dampf betriebenen Berliner S-Bahn aus dem Kursbuch vom 4. November 1946. Der Nord-Süd-S-Bahn-Tunnel ist bereits teilweise instandgesetzt und von Süden bis zum Bahnhof Friedrichstraße wieder befahrbar; im Norden enden die S-Bahn-Züge vorübergehend noch im unterirdischen Stettiner Bahnhof. Abgebaut ist die S-Bahn-Strecke zwischen Schlesischen Bahnhof (heute Ostbahnhof) und Erkner. Zwischen Dreilinden und Stahnsdorf fehlt noch die Brücke über den Teltowkanal. Nicht dargestellt ist der Güteraußenring (GAR) zwischen Seddin – Saarmund und Teltow-Großbeeren sowie zwischen Wuhlheide über Wartenberg nach Karow; der letztgenannte Abschnitt ist demontiert worden. *Dokument: Slg. Kuhlmann*
Bildnachweis: Die zur Illustration dieses Buches verwendeten Aufnahmen stammen – wenn nichts anderes vermerkt ist – vom Verfasser.

ISBN 978-3-613-71676-6

Ein Unternehmen der Paul Pietsch Verlage GmbH & Co. KG

1. Auflage 2023

Sie finden uns im Internet unter www.transpress.de

Lektor: Hartmut Lange
Innengestaltung und Repro: grafik+design Kornelia Erlewein
Druck und Bindung: Graspo CZ, 76302 Zlín
Printed in Czech Republic

Danksagung

An der Suche nach geeigneten Motiven von Illustrationen beteiligten sich und stellten für dieses Buch mit großem Dank dem Autor zur Verfügung:
die Historischen Sammlungen der DB AG, der Bilderdienst der Deutschen Eisenbahn-Stiftung, das Bundesarchiv, die ehemalige Chronos Film GmbH aus Kleinmachnow, die Bildagenturen mauritius images, picture alliance/dpa, akg-images, BerlinStory, der Verein Berliner Unterwelten, Sigurd Hilkenbach aus Berlin, Robin Garn aus Hamburg, Peter Bley aus Berlin, Günter Meyer (†), Bernd Neddermeyer aus Berlin, Manuel Jacob aus Berlin.
Nicht bei allen Fotos konnte – trotz umfangreicher Recherche – der jeweilige Urheber eindeutig ermittelt werden. Insbesondere konnten die Urheber der von der aufgelösten Firma Chronos Film GmbH verwendeten Fotos nicht ermittelt werden. Sollten damit und bei weiteren Fotos unbeabsichtigt berechtigte Ansprüche verletzt worden sein, bitten Verlag und Autor um entsprechende Information.
Die geringe Qualität der Fotos entspricht der damaligen Aufnahmetechnik.

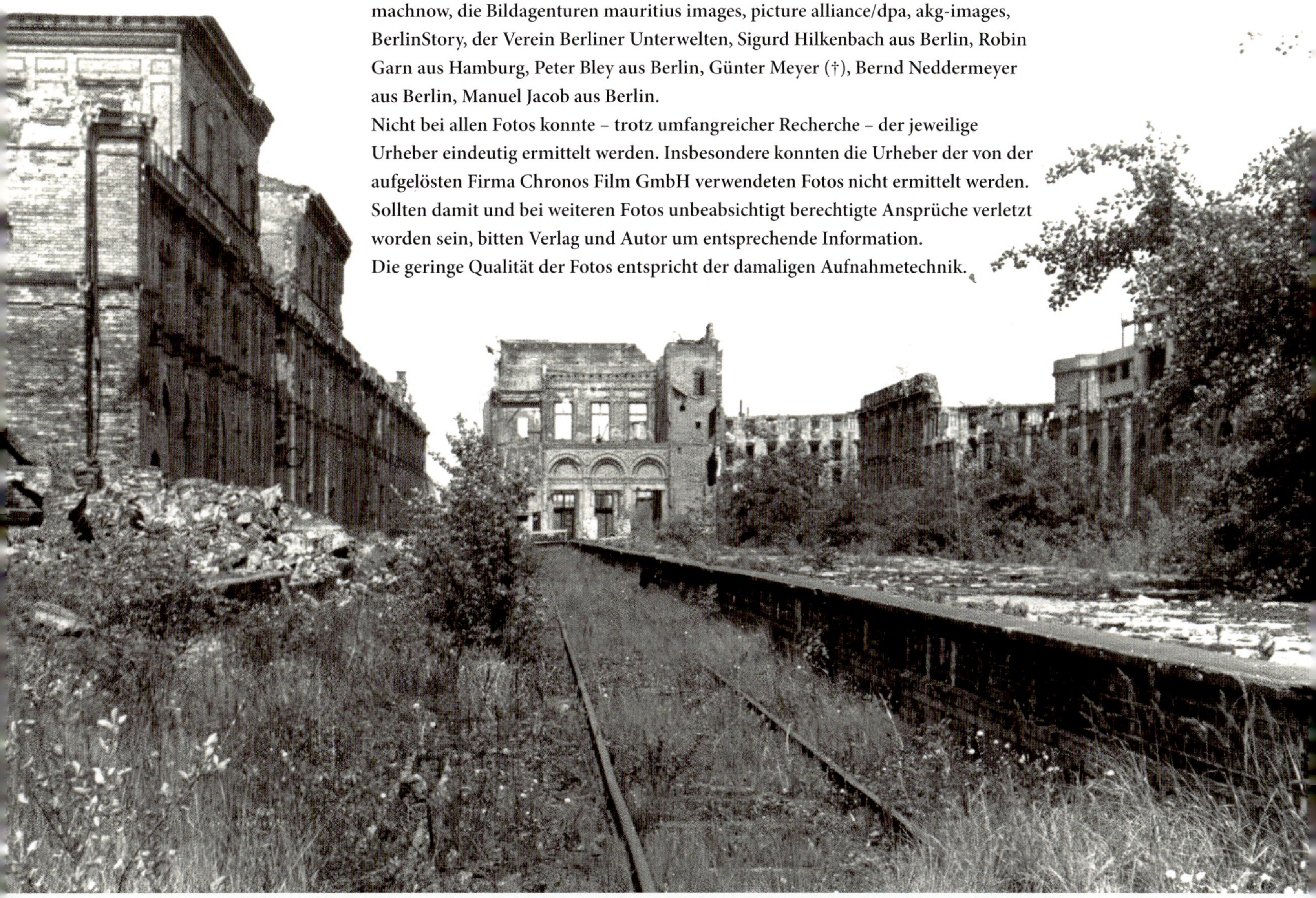

Sonder Zug

Kleinlastwagen
PAICOS
Cigaretten

INHALT

Gleis 2
Gleis 1

Vorwort

| Foto: Bundesarchiv, BARCH-Nr. Bild 183-J31328

Am 1. September 1939 überfiel Nazi-Deutschland Polen und brach damit einen Krieg vom Zaun, der als Zweiter Weltkrieg in vielen Ländern Europas nur Schutt und Asche hinterließ. Dieser Krieg kehrte nach Deutschland zurück, das am 8. Mai 1945 bedingungslos kapitulierte. Europa war ein einziges Trümmerfeld geworden, Deutschland und gerade die ehemalige Reichshauptstadt Berlin nicht ausgenommen.

Für die heutige Generation ist es unvorstellbar, was ein Krieg bedeutet und hinterlässt, unter welchen katastrophalen Umständen in einem Land, in einer Stadt das Leben überhaupt wieder begann, in der nichts mehr funktionierte: Trümmer mussten beseitigt werden, Brauchbares war in zerstörten Betrieben und Wohnungen zu bergen, Lebensmittel mussten beschafft werden, um überhaupt überleben zu können, dazu die Wohnungsnot nach Luftangriffen und Kriegshandlungen verbunden mit der Sorge, überhaupt eine Unterkunft zu finden, Zerstörtes war – sofern Material vorhanden – wieder aufzubauen bzw. in Gang zu setzen, wie gerade die Verkehrswege. Die Besatzungsmacht als Befehlshaber und als Organisator der fehlenden staatlichen Organe gab die Richtung der Arbeiten vor. Allein die Deutschen mussten arbeiten, überwiegend Frauen und Ältere, denn die Männer waren im Krieg umgekommen oder in Gefangenschaft, fehlten also. Trotz karger Ernährung versuchte jeder, mit Tatkraft Neues zu schaffen, war zum Feierabend so erschöpft, dass trotz erster Erfolge an Feiern nicht zu denken war.

Die Besatzungsmacht stellte ebenso ihre Forderungen. Nicht nur Reparationen an die Siegermacht waren zu demontieren, zu verladen und in die Sowjetunion abzufahren, sondern sie hatten gerade im Transportwesen ihre Wünsche für Truppenbewegungen, schließlich für den militärischen Reiseverkehr zeitweise auf Breitspur von Moskau bis Potsdam sowie innerhalb ihrer besetzten Zone. Dafür waren Lokomotiven, Personen- und Güterwagen zu stellen, ohne Rücksicht auf die Bedürfnisse der begonnenen Wiederaufbauarbeit der Deutschen. Die zeitweise in Berlin vorhandenen Breitspur-Gleise behinderten den auf Normalspur nur wenig, weil beide Netze im Wesentlichen betrieblich voneinander getrennt waren. Dazu kamen die Züge mit Vertriebenen/Flüchtlingen – als Neubürger bezeichnete man sie damals – aus Schlesien, Pommern und Ostpreußen sowie aus der Tschechoslowakei. Diese vergrößerten die Not im Land, denn sie mussten untergebracht und versorgt werden. Es war eine ungeheure Aufbauarbeit zu leisten, die uns noch heute Respekt abfordert.

< Die im Krieg wenig zerstörte Halle des Görlitzer Bahnhofs. Seit 4. Mai 1947 durften hier auf Befehl der Sowjetarmee keine Fernzüge mehr fahren. Am 30. April 1951 ist der Bahnhof auch für den Vorortverkehr geschlossen worden (Elektrische S-Bahn nach Königs Wusterhausen). Später ist die Halle abgebrochen worden, und der Bahnhof diente bis 30. Juni 1985 nur dem Güterverkehr.
| Foto: mauritius imagess/Alamy Stock Photos/ZUMA Press

Die mächtige Halle des Anhalter Bahnhofs ist erst 1959/60 gesprengt worden...
| *Foto. mauritius image/keystone/STR (Aufnahme vom 26. Aug. 1960: Sprengung des Südportals)*

... übrig blieb ein Teil des Eingangs-Vestibüls, das an den ehemaligen Bahnhof erinnert.
| *Foto: wikipedia*

Wie das Leben und damit der Verkehr in Berlin nach den letzten Kriegstagen 1945 endete, wird im Folgenden geschildert. Obwohl die gesamte Infrastruktur nicht mehr funktionierte, ging es trotzdem aufwärts: Strecken und Bahnhöfe wurden nach und nach instandgesetzt, gesprengte Brücken gehoben oder durch Hilfsbrücken ersetzt, die ersten Züge verkehrten. Dokumentarische Unterlagen – mit Ausnahme der gedruckten Fahrpläne, die oft schon nach Erscheinen veraltet waren, weil sich die Situation geändert, verbessert hatte – gibt es nur wenige. Im Wesentlichen wird nur der Bahnverkehr im Berliner Raum betrachtet, der – für die S-Bahn bis 1984 – einheitlich von der Deutschen Reichsbahn geleitet und geführt wurde. Fortschritte gab es ebenfalls bei den Berliner Verkehrs-Betrieben (BVG) mit ihren U-Bahn-, Straßenbahn- und Omnibus-Linien, was in der Zeittafel angedeutet ist. Die Währungsreform von 1948 bereitete die Spaltung dieses städtischen Betriebes vor, wie auch der ganzen Stadt, und das ist ein eigenständiges Kapitel. Gleiches trifft für die Binnenschifffahrt in Berlin zu.

Der aufmerksame Leser wird abweichende Daten zwischen den abgedruckten Fahrplänen und dem Text finden: Die Fahrpläne waren beim Erscheinen meistens schon überholt und verbessert, während weitere Daten von persönlichen Aufzeichnungen und Erinnerungen der Zeitzeugen stammen; eine Klärung war nach rund 75 Jahren nicht mehr möglich. Die Fahrpläne und historischen Fotos sollen die Vergangenheit lebendig werden lassen und an die schwere Zeit erinnern.

Viele Leser werden sich an die damals bedeutenden Fernbahnhöfe in Berlin nicht erinnern können: an den Lehrter Bahnhof, auf dessen Gelände heute der protzige Glaspalast des Hauptbahnhofs steht, an den Anhalter Bahnhof, vom dem der teilweise erhaltene Portikus als Denkmal sowie der unterirdische S-Bahnhof künden, an den Stettiner Bahnhof (heute Nordbahnhof), von dem der unterirdische S-Bahnhof übrigblieb, das Kareé aber von den DB AG mit Büros bebaut ist, an den Potsdamer Bahnhof mit seinen Flügelbahnhöfen, dessen Gelände in einen Park umgewandelt wurde.

Die vielen Kopfbahnhöfe gab man zugunsten einer unterirdischen Nord-Süd-Fernverbindung durch die Stadt auf, die weiteren Bahnanlagen wurden modernisiert. Die alte kriegszerstörte Reichshauptstadt hat sich – gerade nach der Wiedervereinigung Deutschlands – zu einer modernen europäischen Metropole gemausert, die von Touristen überflutet wird und auf die Berliner stolz sind. Aber Neuberliner Politiker versuchen jetzt der Hauptstadt vorzuschreiben, wie sie aussehen und funktionieren soll; das kann nicht gut gehen.

Hinweise und Ergänzungen, vor allem Dokumente und Fotos zu diesen historischen Themen werden gern entgegengenommen.

Berlin, im Herbst 2022

Bernd Kuhlmann

Blockstelle Busch an der Stadtbahn zwischen den S-Bahnhöfen Börse (heute Hackescher Markt) und Friedrichstraße in ungewöhnlicher Perspektive im April 1944. | *Foto: Slg. Kuhlmann*

1. »... bis alles in Scherben fällt«

Während der ersten Kriegsjahre lebten die Berliner noch wie in Friedenszeiten, obwohl die Lebensmittel seit Oktober 1939 rationiert und nur auf Lebensmittelkarten zu erhalten waren; auch in den Speisewagen der Züge galt diese Regelung. Auf den Bahnhöfen dominierten Uniformierte aller Gattungen sowie Militär- und Lazarettzüge. In geschlossenen Zügen verfrachtete man verschleppte Zwangsarbeiter, Häftlinge und Juden in die Konzentrationslager (KZ), ebenso Kriegsmaterial und Truppentransporte.

In vielen Familien trafen schwarz umrandete Feldpostbriefe ein, weil der Ehemann, der Vater, der Sohn oder der Bruder für Führer und Vaterland »auf dem Feld der Ehre« gefallen war. Bis 1943 wurde die Reichshauptstadt im Wesentlichen von Luftangriffen verschont. Vorsorglich organisierte die NS-Volkswohlfahrt die Kinderland-Verschickung nach Schlesien und in das Allgäu, deren Züge im Schlesischen und Anhalter Bahnhof begannen [1.01].

Ein von Potsdam kommender Vorortzug, bespannt mit einer Dampflokomotive der Baureihe 744-13 (preußische T 12), auf der Stammbahn zwischen Griebnitzsee und Berlin-Zehlendorf in Höhe des Königsweges.
| *Foto: Slg. Kuhlmann*

Von Kriegsschäden im März 1945 noch verschont, der Stettiner Bahnhof mit einem eingefahrenen Personenzug.

| *Foto: Walter Hollnagel, Archiv Eisenbahnstiftung*

Nur noch wenige Schnellzüge fahren, die deshalb überfüllt sind, wie hier auf dem Anhalter Bahnhof. | *Foto: Walter Hollnagel, Archiv Eisenbahnstiftung*

Noch ist Deutschland und Berlin von Kämpfen verschont. Truppentransporte rollen an die Front, deren Soldaten noch freundlich lächelnd in die Kamera schauen. | *Foto: Walter Hollnagel, Archiv Eisenbahnstiftung*

Eine 56.2 (pr. G 8.1) wartet im ukrainischen Bezirk Dnjepropetrowsk auf Ausfahrt mit einem Militärtransportzug. Als Ladegut sind als Mörserträger umgebaute französische Panzer H 38 »Hotchkiss« verladen. (1943)

| *Foto: Walter Hollnagel, Archiv Eisenbahnstiftung*

In Chelm, am östlichen Rand des »Generalgouvernements«, unmittelbar an der Grenze zur Ukraine, wartet eine verladene Lkw-Kolonne, u.a. Büssing NAG Typ 4500 A-1, auf die Weiterfahrt an die Ostfront. Die Fahrzeuge sind bereits mit einem weißen Tarnanstrich für den bevorstehenden Winter versehen. Auch wenn dieses Bild etwas anderes suggeriert, spätestens der Winter 1941/42 zeigte der motorisierten Wehrmacht die Grenzen auf. Im Kriegstagebuch einer Infanteriedivision heißt es: »Die modernen Lkw mit Gummireifen und kugelgelagerten Rädern waren schon lange unter den Belastungen der fürchterlichen Wege zusammengebrochen und durch russische Bauernkarren ersetzt worden. So wurde unser täglicher Bedarf an 170 Tonnen Nahrung, Munition und Treibstoff überwiegend mit rund 5000 Pferden transportiert.« (1942) | *Foto: RVM (Bandelow), Archiv Eisenbahnstiftung*

Abtransport von (beschädigten) deutschen Panzern, verladen auf neuen SSyms-Wagen der Reichsbahn mit einem Ladegewicht von 50 t, in der Nähe von Kirowograd/Ukraine. Auch ein Bild mit Symbolkraft, denn im Herbst 1943 waren die Eroberungsfantasien längst verflogen. (11.1943) | *Foto: Walter Hollnagel, Archiv Eisenbahnstiftung*

Kleine Pause für Lok und Soldaten auf dem Weg zur Front, die auch neugierige Kinder anzog.
| *Foto: Archiv Eisenbahnstiftung/RVM (Bandelow), 1942*

Ein Wehrmachtstransport wartet im Bahnhof Roslawl, südöstlich von Smolensk an der Strecke nach Brjansk, auf die Weiterfahrt. | *Foto: Archiv Eisenbahnstiftung/RVM (Bandelow), 1942*

Ein Truppentransport in Riga im besetzten Lettland. | *Foto: Archiv Eisenbahnstiftung/Privatfoto, 1942*

In den Nächten 25./26. und 28./29. August 1940 fielen die ersten Bomben auf Berlin. In weiteren über 300 Luftangriffen wurde die Reichshauptstadt stark zerstört, bei denen etwa 30.000 Berliner starben. Am 3. Februar 1942 trafen Bomben die Halle des Anhalter Bahnhofs, doch der Betrieb ging nach Aufräumungsarbeiten weiter.

Das nach einem Luftangriff zerstörte Portal des Anhalter Bahnhofs.
| *Foto: picture alliance / akg-images*

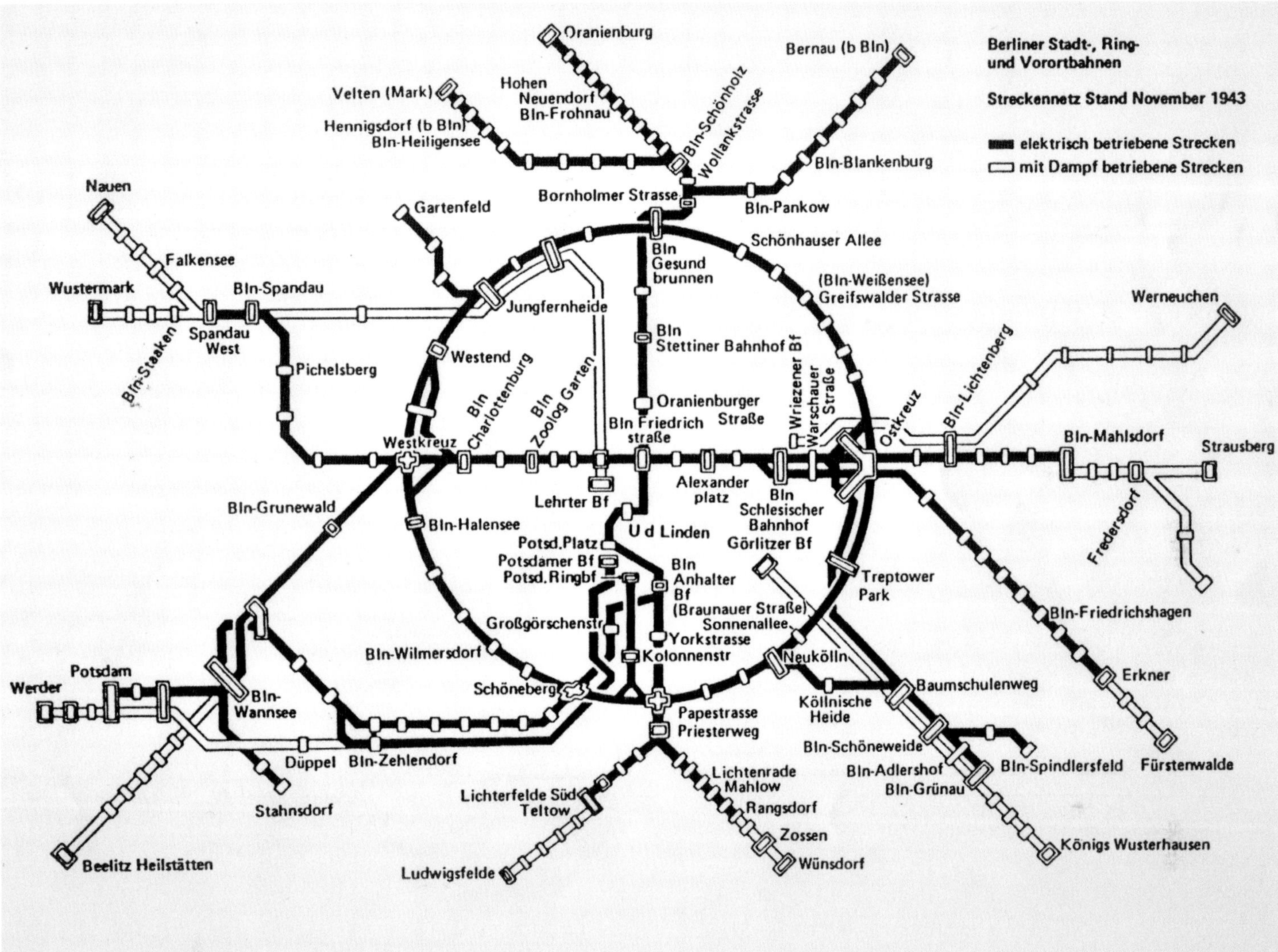

Das ausgedehnte Berliner S-Bahn-Netz im November 1943: Neben elektrisch betriebenen Strecken fahren auch Dampfzüge.
| *Zeichnung: Slg. Kuhlmann*

Im Frühjahr 1943 wird die Nordwestkurve in Ostkreuz in Mitleidenschaft gezogen und nicht mehr befahren. Bei einem Luftangriff Anfang 1944 wird der Potsdamer Bahnhof schwer zerstört. Die S-Bahn-Züge der Ringbahn fahren seit 3. Juli 1944 nicht mehr den Potsdamer Ringbahnhof an und verkehren als sogenannte »Vollringzüge« ohne Kopf zu machen (für Betriebsfahrten nutzte man diese Spitzkehre noch bis 1945).

Die auf den elektrifizierten Ferngleisen der Wannseebahn verkehrenden »Bankierzüge« stellten ihren Betrieb erst im Februar 1945 ein.

Im Frühjahr 1944 wird die Nordostkurve Westend – Berlin-Charlottenburg mit dem S-Bahnbetriebswerk Westend völlig zerstört. Die Rangierbahnhöfe Wustermark und Seddin wurden noch am 20. April 1945 bombardiert.

Bald nach Kriegsbeginn trafen auch in Berlin die ersten Lazarettzüge von der Front ein, hier auf einem unbekannten Berliner Bahnhof. | *Foto: Bundesarchiv, Bild 183-E10733, Foto Eisenhart (11. Sept. 1939)*

Propaganda-Plakat der Deutschen Reichsbahn auf Bahnhöfen und in Fahrplänen. | *Abbildung: Repro aus Reichsbahn-Kursbuch Südost-Deutschland, gültig ab 1. November 1943*

In Seddin stand ein Zug mit einem Frauentransport in ein Konzentrationslager (KZ); unter ihnen waren 300 Tote zu beklagen. Am 14. April 1945 zerstörten Bomben-Flugzeuge die Potsdamer Innenstadt und den Bahnhof. Auf dem Rangierbahnhof Berlin-Pankow, der bisher im Wesentlichen von Zerstörungen verschont geblieben war, standen am 20. April 1945 Munitionswagen, die von der Wehrmacht in Brand geschossen wurden und deren Explosionen die Bahnanlagen zerstörten [1.01]. Am 20. April 1945 wird auch der Bahnhof Nauen von Luftangriffen schwer getroffen.

Soldaten der Wehrmacht warten im August 1943 in Berlin Zoologischer Garten auf ihren Zug in Richtung Osten.
| *Foto: Max Ittenbach/Slg. Sigurd Hilkenbach*

1940 – Reiseverkehr wird eingeschränkt

Seit Januar 1940 schränkte die DRB den (zivilen) Personenzug- und Schnellzugverkehr ein, um Personal, Strecken- und Fahrzeugkapazitäten für den Güterverkehr zu gewinnen. Zugleich verteuerte man die D-Zug-Zuschläge und hob bisherige Fahrpreis-Ermäßigungen auf, um vom Reisen mit der Bahn abzuhalten. Gleichfalls durften ab 1940 im Festtagsverkehr Schnell- und Eilzüge nur mit Zulassungskarten benutzt werden. Für den Weihnachtsverkehr 1943 führte man ein Reisegenehmigungsverfahren ein, das Fahrten nur bei einer Zwangsverpflichtung in der Rüstung oder bei staatlichen und militärischen Dienststellen erlaubte.

1942 – Fernzüge enden außerhalb der Innenstadt

Seit 1. Juli 1942 stellte man den Schnellzügen keine Speisewagen mehr bei. Wegen der zunehmenden Luftangriffe auf Berlin und um die noch betriebsfähigen Fahrzeuge nicht zu beschädigen, endeten und begannen immer mehr Personenzüge, aber auch Schnell- und Eilzüge auf Vorbahnhöfen; die noch weitgehend intakte S-Bahn beförderte die Menschen. Ab 18. Juni 1944 verkehrten sonntags keine (zivilen) Fernreisezüge mehr, bis am 23. Januar 1945 der gesamte Fernverkehr zusammenbrach; es fuhren keine Schnell- und Eilzüge mehr, der Reiseverkehr war weitgehend eingeschränkt [1.02, 1.03].

Die 1902 bis 1905 erbaute Swinemünder Brücke am Bahnhof Gesundbrunnen ist vom Bomben zerstört, sperrt die Gleise und begrub einen italienischen Abteilwagen unter sich.
| *Foto: Slg. Kuhlmann*

1945 – Der Geheimbefehl »Thusnelda«

In dem von Hitler unterzeichneten Geheimbefehl »Thusnelda« ordnete er den Rückzug aller Reichsbehörden in Richtung Westen an. Dazu standen die Sonderzüge »Adler« und »Dohle« an vorgesehener Stelle bereit. Weitere Kräfte sollten am 13. April 1945 sich in Berlin-Lichterfelde West und danach in Michendorf sammeln, um sich in Richtung Garmisch abzusetzen. Der Eisenbahnbetrieb wurde zuletzt von einem Befehlszug aus geleitet, der am 20. April 1945 Berlin verlassen hatte und in Paulinenaue stand. Aus den Bahnbetriebswerken wurden Lokomotiven, Gerätewagen und Werkzeuge in Richtung Westen abgezogen, so dass ein akuter Lokmangel entstand. Durch den stockenden Betrieb konnte der vorgesehene Umlauf der Lokomotiven nicht eingehalten werden, und der Verkehr kam abschnittsweise zum Erliegen. Der Befehlszug setzte sich ab und befand sich bei Kriegsende in St. Peter-Ording [1.04].

Befahren des Nordsüd-S-Bahn-Tunnels mit einem Boot im Bereich des Stettiner Bahnhofs. | *Foto: Hans H. Hartmann*

S-Bahn-Betrieb eingeschränkt

Gekürzte Stromlieferungen und der Ausfall vieler Fahrzeuge der S-Bahn forderten in den Abend- und Nachtstunden erhebliche Betriebseinschränkungen. Seit 11. April 1945 war die S-Bahn nur noch mit besonderen Fahrtberechtigungsausweisen benutzbar, ausgenommen an Sonnabenden ab 15 Uhr sowie an Sonntagen [1.05]. Am 21. April 1945 ist der S-Bahn-Betrieb im Nord-Süd-S-Bahn-Tunnel eingestellt worden, in dem viele ältere Einwohner und Kinder Schutz vor den Bomben der alliierten Luftangriffe auf Berlin suchten. Noch vor der Kapitulation am 2. Mai 1945 ist die Decke des Nord-Süd-S-Bahn-Tunnels unter dem Landwehrkanal gesprengt worden. Wahrscheinlich waren es gar deutsche Soldaten, die den Tunnel sprengten [1.06]. Das Wasser des Landwehrkanals flutete nicht nur die S-Bahn-Strecke, sondern am Bahnhof Friedrichstraße über den Verbindungsgang zwischen U- und S-Bahn auch Teile der heutigen U 6, über den U-Bahnhof Stadtmitte Teile der heutigen U 2 und über den U-Bahnhof Alexanderplatz die heutigen U 5 und U 8.

Stillleben im fast leer gepumpten Stettiner Bahnhof mit einem S-Bahn-Wagen der Bauart Stadtbahn und einer angeschwemmten Sitzbank. | *Foto: picture alliance / akg images*

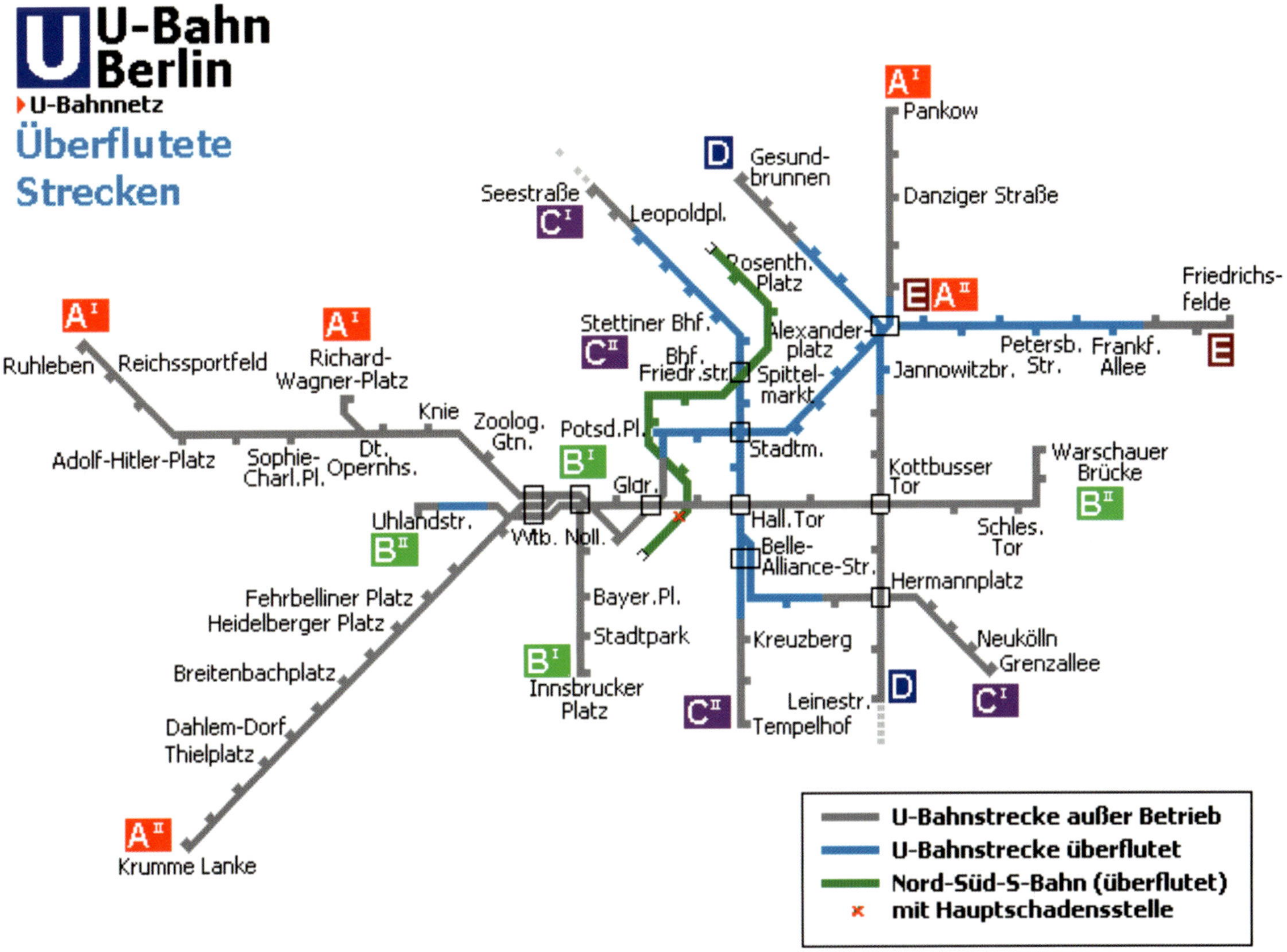

Nach der Sprengung des Nord-Süd-S-Bahn-Tunnels überflutete Strecken der Berliner S- und U-Bahn.

| *Grafik: Von Marcus Schomacker - www.berliner-untergrundbahn.de, CC BY-SA 3.0 de, https://commons.wikimedia.org/w/index.php?curid=29642441*

Noch am 24. April 1945, als um die Stadt bereits gekämpft wurde, verkehrte im Südwesten die S-Bahn; ab 26. April 1945 musste dann auch dieser Betrieb wegen Zusammenbruch der Stromversorgung infolge ausbleibender Kohlelieferungen eingestellt werden. Das war zu einer Zeit, als Partei- und Regierungsspitzen die Stadt längst verlassen hatten und die Berlinerinnen und Berliner ihrem Schicksal überließen. Was dann noch unversehrt stehen geblieben war, wurde im Kampf um Berlin zerstört [1.07].

Nach einem Angriff präsentiert sich die zerstörte Eingangshalle des Stettiner Bahnhofs.
| *Foto: Bundesarchiv, Bild 183-08791*

Der obere S-Bahnsteig von Westkreuz in Kriegszeiten.
| *Foto: Bundesarchiv B145-Bild-PU29077*

Gedränge auf dem Bahnhof in Berlin Spandau im Mai 1945 – es geht aufs Land, um Essbares zu besorgen.
| *Foto: picture alliance / ZB (Autor: Berliner Verlag/ Archiv)*

Eine Kolonne deutscher Kriegsgefangener in der Berliner Innenstadt, wahrscheinlich am Schlesischen Tor.

| *Foto: picture alliance / akg-images*

Frauen übernehmen im Krieg Männerberufe, hier eine Bahnsteigaufsicht, die den Abfahrauftrag erteilt. | *Foto: Max Ittenbach/Slg. Sigurd Hilkenbach*

Quellen:

[1.01]	*Matznick, Heinz: Die Entwicklung des Eisenbahndirektionsbezirkes Berlin 1838 bis 1945; hrsg. von der Kommission Betriebsgeschichte der Reichsbahndirektion Berlin, Berlin 1986*
[1.02]	*Rehbein, Elfriede, u.a.: Deutsche Eisenbahnen 1835 - 1985; transpress-Verlag, Berlin 1985*
[1.03]	*Liebl, Toni, u.a.: Offizieller Jubiläumsband der Deutschen Bundesbahn 150 Jahre Deutsche Eisenbahnen; Eisenbahn-Lehrbuch Verlagsgesellschaft, München 1985*
[1.04]	*Dr. Bock, Hans: Die Planungen der Reichsbahnbaudirektion Berlin von 1937 bis 1945; in: Archiv für Eisenbahntechnik; Hestra-Verlag [Darmstadt], Heft 24, (Oktober 1969), Seite 16 – 48*
[1.05]	*Jacob, Manuel, u.a.: 75 Jahre Berliner S-Bahn - eine Chronik; in Berliner Verkehrsblätter [Berlin], 46 (1999), Nr. 8, Seite 147 - 165*
[1.06]	*Matznick, Heinz: Überblick über die Entwicklung des Reichsbahndirektionsbezirkes Berlin 1945 bis 1955; hrsg. von der Kommission Betriebsgeschichte der Reichsbahndirektion Berlin, Berlin 1987*
[1.07]	*Kieber, Wolfgang: Der elektrische Betrieb auf der Berliner S-Bahn, Band 3: Zehn dramatische Jahre – 1937 bis 1946; VBN-Verlag B. Neddermeyer, Berlin 2013, Seite 139)*

Der zerstörte Potsdamer Bahnhof nach ersten Aufräumungsarbeiten im Jahre 1945.
| *Foto: Histor. Slg. DBAG/Max Ittenbach*

2. Reparationen aus Ruinen

Kriegsende: Die erschreckende Bilanz

Auf der Stadtbahn wiesen die Bereiche des Schlesischen Bahnhofs (heute Ostbahnhof) und Berlin Friedrichstraße erhebliche Schäden an Gleisen, Brücken und Bahnsteighallen auf. Entlang der Ringbahn waren zahlreiche Brücken gesprengt, ebenso die der Görlitzer, Dresdener, Anhalter und Potsdamer Bahn, so dass der Zugverkehr in das Umland unterbrochen war. Alle Empfangsgebäude der großen Bahnhöfe waren erheblich beschädigt, mit Ausnahme des Schlesischen Bahnhofs. Die Anhalter, Potsdamer, Görlitzer Güterbahnhöfe sowie Berlin-Ruhleben und Spreeufer waren völlig zerstört [2.01].

Westliche Ansicht des Bahnhofs Alexanderplatz mit dem Stellwerk Aw. Vom Ferngleis zweigt rechts der Anschluss zur Zentralmarkthalle ab.
| *Foto: Histor. Slg. DBAG/Alfred Schulz*

Die gesprengte Teltowkanalbrücke bei Kohlhasenbrück (Strecke Wannsee – Potsdam) ist bereits teilweise gehoben.
| *Foto: Histor. Slg. DBAG/Max Krajewsky*

Wehrmacht und SS sprengten vor der heranrückenden Sowjetarmee nahezu alle Brücken, um deren Vormarsch zu stoppen, vergeblich. Deshalb war es nach Kriegsende die dringende Aufgabe, solche Brücken wieder befahrbar zu machen, wenn auch nur behelfsmäßig.

Für die gesprengte Teltowkanalbrücke bei Kohlhasenbrück ist eine Hilfsbrücke aus Peiner-Trägern eingebaut (27. Dez. 1945).
| *Foto: Histor. Slg. DB AG/Max Krajewsky*

Die gesprengte Teltowkanalbrücke der Friedhofsbahn (Strecke Wannsee – Stahnsdorf) wird mit Hilfe von Flaschenzügen teilweise gehoben (15. Jan. 1948)

| *Foto: Histor. Slg. DBAG/Max Krajewsky*

Die gesprengte Teltowkanalbrücke bei Mariendorf (Dresdner Bahn) ist teilweise gehoben und mit einer Hilfsbrücke verbunden. Die S-Bahn (damalige Baureihe 165) fährt schon wieder (26. Aug. 1947).

| *Foto: Histor. Slg. DBAG/Max Krajewsky*

Die Spreebrücke des damaligen Güteraußenringes bei Eichgestell wird erneuert: Auf einer mit Stahlbeton-Senkkasten gesicherten künstlichen Insel wird der Pfeiler für die künftige Brücke gegründet (5. Okt. 1948).
| *Foto: Histor. Slg. DBAG/Max Krajewsky*

Die gesprengte Spreebrücke auf der Strecke nach Siemensstadt ist bereits abgestützt und mit einer Hilfsbrücke für die S-Bahn mit Stromschiene versehen (11. Dez. 1945).
| *Foto: Histor. Slg. DBAG/Max Krajewsky*

Einwohner mit Lebensmitteln und Kohle versorgt

Noch während in und um Berlin gekämpft wurde, traf von Küstrin-Kietz kommend am 25. April 1945 in Berlin-Lichtenberg auf Normalspur der erste Munitionszug der Sowjetarmee ein. Der Bahnhof Berlin-Lichtenberg mit seinem Güterschuppen diente nach der Waffenruhe als Versorgungslager für die zerstörte Stadt: Allein am 6. Mai 1945 kamen ein aus 23 Wagen bestehender Getreidetransport, ein Zug mit 25 Wagen Lebensmitteln sowie zwei Güterzüge mit Briketts an [2.02, 2.03].

Zur transportseitigen Sicherstellung der Berliner Operation der Sowjetarmee bauten Eisenbahnpioniere die Strecke Brest – Warschau – Poznań – Frankfurt (Oder) – Berlin auf Breitspur um (damals 1524 mm, heute 1520 mm); bis Poznań beide Gleise, dann nur noch eines. Nachdem am 24. April 1945 eine Behelfsbrücke über die Oder errichtet worden war, erreichte am 5. Mai 1945 die Breitspur den Bahnhof Berlin-Köpenick, auf dem sowjetische Versorgungs- und Militärgüter entladen wurden, und am 6. Mai 1945 den Schlesischen Bahnhof (heute Ostbahnhof). Allerdings dauerte es noch bis zum 28. Juni 1945, bis der erste »Moskau-Berlin-Expreß« auf Breitspur auf diesem Bahnhof eintraf [2.02, 2.03].

Mit den Zerstörungen der Stadt waren auch die Wasserleitungen geborsten; das Anstehen an den wenigen Ziehbrunnen gehörte zur Tagesordnung. | *Repro aus: von der Mühlen, Bengt: Der Todeskampf der Reichshauptstadt; Chronos, Berlin-Kleinmachnow 1994, Seite 417*

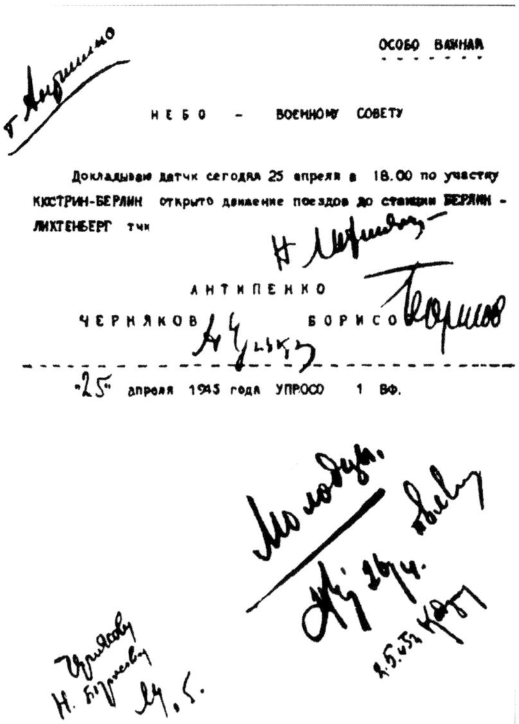

ОСОБО ВАЖНАЯ

НЕБО – ВОЕННОМУ СОВЕТУ

Докладываем датчк сегодня 25 апреля в 18.00 по участку КЮСТРИН-БЕРЛИН открыто движение поездов до станции БЕРЛИН - ЛИХТЕНБЕРГ тчк

АНТИПЕНКО

ЧЕРНЯКОВ БОРИСОВ

«25» апреля 1945 года УПРОСО 1 БФ.

Telegramm an den Militärrat über die Eröffnung des Zugbetriebes auf Normalspur zwischen Küstrin-Kietz und Berlin-Lichtenberg: »Himmel (Dringlich) – An den Militärrat! Wir melden: Heute, am 28. April wurde um 18.00 Uhr auf dem Abschnitt Küstrin - Berlin der Zugbetrieb bis zum Bahnhof Berlin-Lichtenberg eröffnet. Antipenko, Tschernjakow, Borisow«. Darunter befindet sich die handschriftliche Bemerkung: »Prachtkerle. Shukow, Telegin. 26.4.« | *Repro aus [2.03]*

Der erste durchgehende Zug auf Breitspur von Moskau nach Berlin traf am 28. Juni auf dem Berliner Ostbahnhof ein. Eine Ehrenkompanie hatte Aufstellung bezogen. | *Foto: Slg. Sigurd Hilkenbach*

Die Lokomotive des ersten Breitspurzuges der Reihe Э^{у} 713-25 setzt im Ostbahnhof über Gleis 2 um. | *Foto: Slg. Sigurd Hilkenbach*

Ab 3. Mai 1945 konnte die Strecke von Berlin-Grünau nach Cottbus wieder befahren werden. Um lebenswichtige Kohle in die zerstörte Stadt bringen zu können, stellten sowjetische Eisenbahnpioniere vom 8. bis 15. Mai 1945 die Teltowkanalbrücke der Neukölln-Mittenwalder Eisenbahn (N.M.E.) wieder her, so dass am 17. Mai 1945 der erste mit Braunkohle beladene Zug aus dem Lausitzer Revier in Berlin-Neukölln eintraf. Damit die acht Gaswerke in Berlin wieder produzieren konnten, setzte die Sowjetarmee 18 Pendelzüge zum Transport von Steinkohle aus Schlesien ein [2.02].

Auf russischer Breitspur nach Berlin

Die vom 17. Juli bis 2. August 1945 tagende Potsdamer Konferenz erreichte der sowjetische Diktator Stalin auf der Schiene. Eigens für diesen Zweck war die Strecke vom Schlesischen Bahnhof bis zum Bahnhof Potsdam (seit 26. September 1999 Hauptbahnhof) auf Breitspur umzunageln. Wegen der zahlreichen Schäden an Brücken und Stützwänden auf der Stadtbahn bestand kein S-Bahnbetrieb. Erst nach dem Rückbau der Breitspur unmittelbar nach der Potsdamer Konferenz konnte begonnen werden, den S-Bahn-Betrieb vorzubereiten [2.04].

Die Strecke nach Potsdam war nicht die einzige Bahnlinie, die von der Sowjetarmee auf Breitspur umgenagelt worden war. In Berlin bestand ein ganzes Netz von 1524-mm-Gleisen [2.05]:

- von Berlin-Rummelsburg über Berlin Frankfurter Allee, über die Anschlussgleise zum und vom Zentralviehhof bis nach Berlin-Weißensee (seit 1. Oktober 1946 Berlin Greifswalder Straße);
- von Berlin Frankfurter Allee über Berlin-Lichtenberg bis zum Abzweig Aff (früher als Iab bezeichnet, seit dem Ausbau des Biesdorfer Kreuzes nicht mehr vorhanden), dort sich nach Berlin-Marzahn und zur Industriebahn Tegel – Friedrichsfelde teilend; die Industriebahn war zwar bis Berlin-Tegel umgespurt, jedoch nur bis Berlin-Weißensee in Breitspur betrieben worden;
- von Berlin-Rummelsburg über das Gütergleis bis zum Schlesischen Güterbahnhof (heute Ostgüterbahnhof) mit Anschluss zum Bahnbetriebswerk sowie mit einem Wendedreieck zum Wriezener Güterbahnhof.

Während im benachbarten Zentralviehhof in den wenigen beschädigten Hallen des Schlachthofs eine Sammelstelle für Kriegstrophäen und Beutegüter der Sowjetarmee eingerichtet war, nutzte sie 1946 das nur wenig beschädigte (heute abgerissene) Kühlhaus an der Landsberger Allee für ihre Zwecke, wie die zahlreichen Militärlastkraftwagen beweisen. | *Foto: Slg. Kuhlmann*

Sowjetische Jagd nach Trophäen

Unmittelbar nach Kriegsende setzte die (später so bezeichnete) erste Demontagewelle der Sowjetarmee ein, die etwa bis Juni/Juli 1945 dauerte. Es begann eine wilde, unorganisierte Jagd nach Trophäen und Demontagegütern. Ziel war, in möglichst kurzer Zeit möglichst viel abzubauen und abzufahren, so dass die Demonteure gar gegeneinander arbeiteten. Vieles stand im Widerspruch zur Sowjetischen Militäradministration in Deutschland (SMAD), die (noch) Entnahmen aus der laufenden Produktion organisieren wollte. Von Demontagen besonders betroffen war das spätere West-Berlin, das mehr als die Hälfte seiner industriellen Kapazitäten verlor [2.06]. Dies geschah besonders wegen der bevorstehenden Besetzung durch alliierte Truppen ab 4. Juli (britische und amerikanische Truppen) bzw. ab 12. August 1945 (französische Truppen); bereits am 5. Juni 1946 war der Alliierte Kontrollrat gebildet worden. Von den Demontagen waren ebenso Gleise und ganze Strecken betroffen, wie z.B. 1947 der Vorläufige Güteraußenring (VGAR) zwischen Biesenhorst und Berlin-Karow, der bis zum 1. April 1950 wieder aufgebaut wurde.

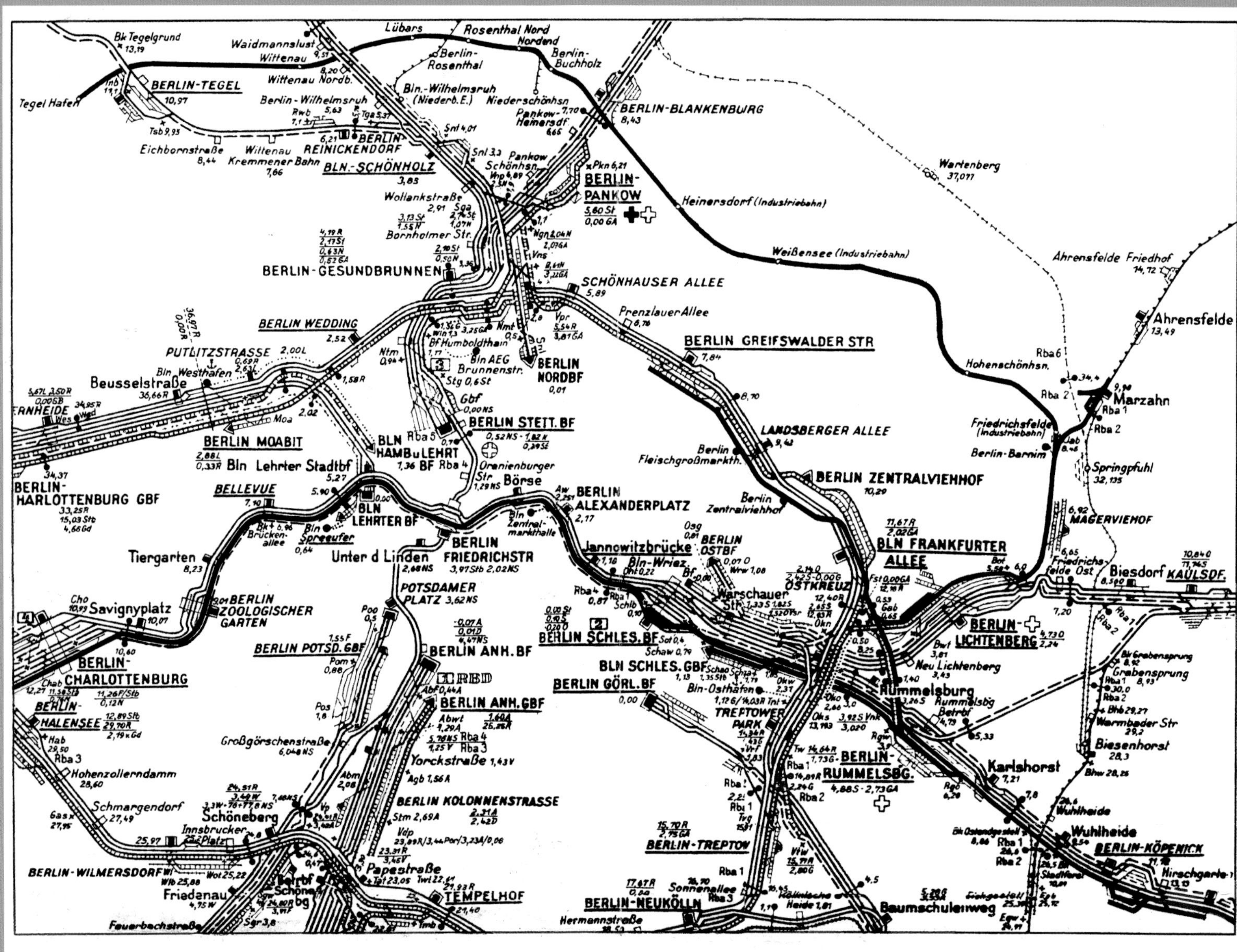

Berlins Breitspurnetz nach Kriegsende in seiner größten Ausdehnung (1945).
| *Zeichnung: Kuhlmann (in eine Betriebsstreckenkarte von 1949*

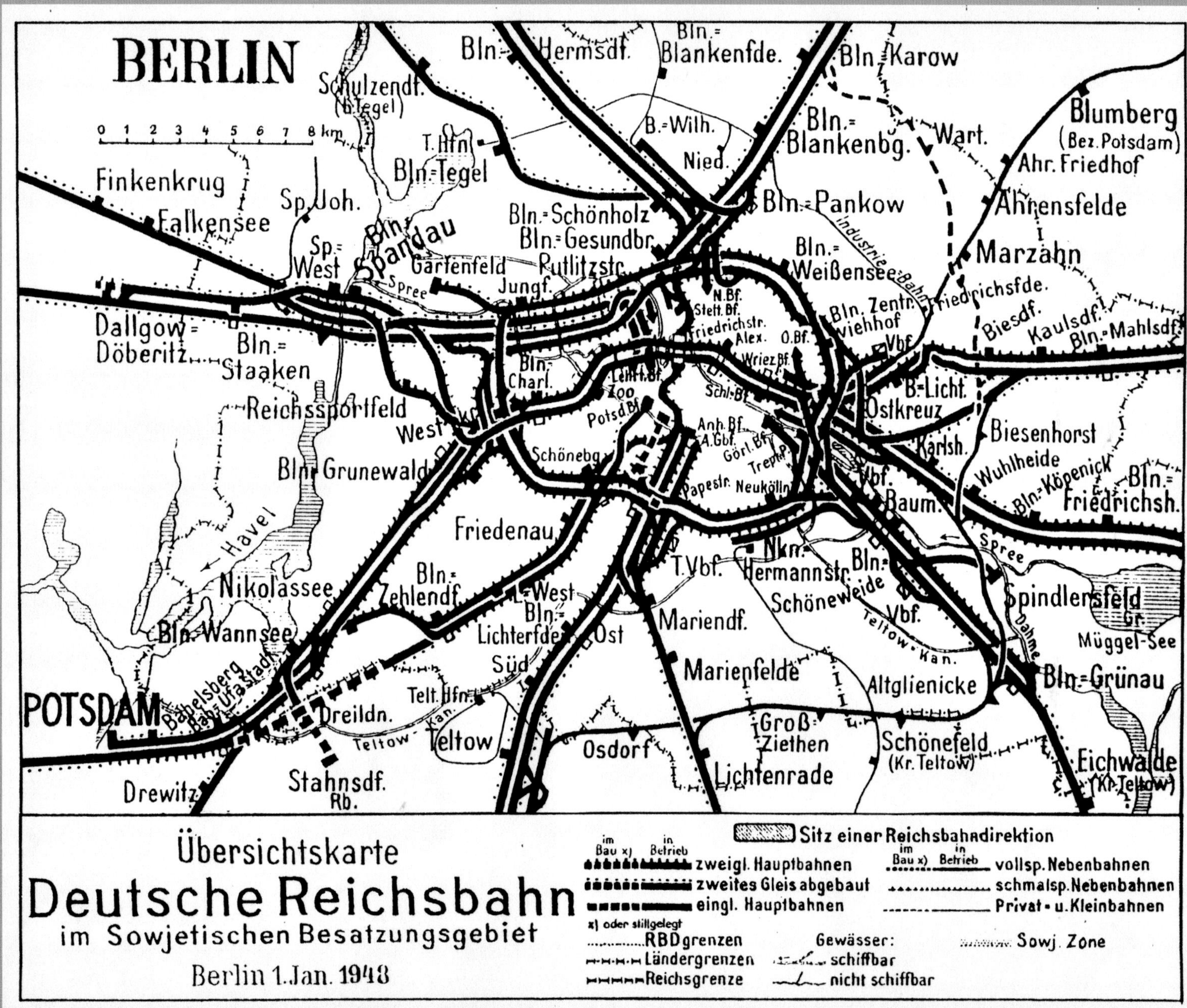

Der Berliner Eisenbahnknoten im Zustand von 1948 mit abgebauten zweiten Gleisen und Strecken. Deshalb durfte dieser Entwurf einer Kursbuchkarte in der SBZ nicht veröffentlicht werden. | *Slg. Peter Bley*

Ein Zug mit abgebauten Oberleitungsmasten im Haltepunkt Kade (Strecke Berlin – Magdeburg).
| *Repro aus Reichsbahn ohne Reich, Band 1*

Gleisdemontagen

Damit sank im Bezirk der späteren Reichsbahndirektion (Rbd) Berlin der Anteil zwei- und mehrgleisiger Strecken von 73,2 Prozent am Ende des Jahres 1944 (1084,29 km des 1481,53 km langen Streckennetzes) auf 24,6 Prozent im Jahre 1948 (364,44 km).
Weitere 82,50 km Strecken waren nicht betriebsfähig, da sie – wie die 24,18 km lange S-Bahn-Strecke Berlin Ostbahnhof – Erkner
und die 7,21 km lange Potsdamer Stammbahn zwischen Düppel-Kleinmachnow und Griebnitzsee – abgebaut waren [2.07]. Zweigleisig blieben im Wesentlichen nur die elektrischen S-Bahn- und Fernstrecken im Innenstadtbereich.

Vom Rbf Wustermark demontierte man das gesamte West-Ost-System des einst zweiseitigen Rangierbahnhofs. Übrig blieb nur das Ost-West-System, das im Gegensatz zum Parallelsystem neben der Einfahrgruppe lediglich eine kombinierte Richtungs- und Ausfahrgruppe besaß, d.h. bei Ausfahrten war jeweils der Ablaufbetrieb zu unterbrechen, so dass die Leistung sank.

Doch es blieb nicht nur bei Demontagen von Gleisen: 1946 befahl die SMAD, den elektrischen Zugbetrieb in Mitteldeutschland einzustellen, die elektrischen Triebfahrzeuge abzuliefern sowie alle Oberleitungsanlagen einschließlich der Masten abzubauen. Später waren für die Sowjetunion in übereigneten deutschen Betrieben gar neue Maschinen und Fahrzeuge zu bauen und als Reparationen abzuliefern.

Umsiedler und Flüchtlinge aus den Ostgebieten warten auf dem Lehrter Bahnhof auf einen Zug zur Weiterfahrt..
| *Foto: mauritius images/Alamy Stock Photos/Keystone Pictures USA*

Verwundert schauen die Passanten (etwa 1948) auf diesen seltsamen Zug, der auf den flachen Güterwagen kleine Dampflokomotiven befördert: Es sind in Babelsberg hergestellte Schmalspur-Lokomotiven Reihe Γ^{P}, die als Reparationen für die Sowjetunion bestimmt sind. Das Bild ist wahrscheinlich in Berlin-Steglitz aufgenommen worden. | *Foto: ACME, Archiv Eisenbahnstiftung*

Eisenbahnbetrieb wieder in deutscher Hand

Zum 1. September 1945 übergab die Sowjetarmee mit dem legendären Befehl Nr. 8 – datiert vom 11. August 1945 – den Eisenbahnbetrieb in deutsche Hände. Bewusst klammerten die Sowjets die Breitspurstrecke Potsdam – Frankfurt (Oder) aus. In den offiziellen Publikationen der DDR veröffentlichte man nur Punkt 1. des Befehls Nr. 8, verschwieg tunlichst die bestehende Breitspurstrecke. Für die Übergabe des Betriebes fand am 23. August 1945 zwischen Major Selimanski und dem Präsidenten der Reichsbahndirektion Berlin Fröhlich eine Besprechung statt. Danach wurden an Strecken übergeben:

»Länge der Hauptgleise	
Spurweite 1524 mm	44,3 km,
Spurweite 1435 mm	194,5 km,
Länge der Nebengleise	
Spurweite 1435 mm	13,54 km,
Bahnhofsgleise	
Spurweite 1524 mm	5,64 km,
Spurweite 1435 mm	398,19 km.«

Die Übergabe selbst war für den 25. August 1945, 18 Uhr, vereinbart [2.05]. Aus diesen Längenangaben ist zu entnehmen, dass zu diesem Zeitpunkt nur noch zwischen Berlin-Rummelsburg und Fürstenwalde (Spree) und weiter nach Frankfurt (Oder) Breitspur bestand und alle anderen 1524-mm-Gleise in Berlin bereits zurückgespurt waren.

Akrobatisches Können war vielfach angesagt, um die im Stadtgebiet zerstörten und behelfsmäßig hergerichteten Brücken queren zu können. | *Repro aus: von der Mühlen, Bengt: Der Todeskampf der Reichshauptstadt; Chronos, Berlin-Kleinmachnow 1994, Seite 271*

П Р И К А З

НАЧАЛЬНИКА ВОЕННЫХ СООБЩЕНИЕ ГРУППЫ ОККУПАЦИОНЫХ ВОЙСК И НАЧАЛЬНИКА ТРАНСПОРТНОГО ОТДЕЛА СОВЕТСКОЙ ВОЕННОЙ АДМИНИСТРАЦИИ В ГЕРМАНИИ

„ II „ августа I945 года № 8 Гор. Б е р л и н

==

СОДЕРЖАНИЕ:- О передаче эксплоатации железных дорог оккупированной зоны немцким служащим.

==

В соответствии с приказом Главноначальствующего СВА в Германии Маршала Советского Союза тов. ЖУКОВА № OIO от I8 июля I945 года –

П Р И К А З Ы В Е А М:

I. Передать с I сентября I945 года эксплоатацию железных дорог и участков оккупированной Советскими Войсками зоны Германии немецким железнодорсжным служащим.

2. Специальные формирования ВЗУ-4-6, ЧЭ-I2, ЧЭ-I3, ЧЭ-9 столщие в данное время на эксплуатации к этому сроку передать участки,депо, ст. и др.немецким железно-дорожным организациям, за исключением участка Потсдам-Франкфурт на Одере сорзная колея, которая должна обслуживаться ВЭО-38, ЧЭ-I2, ЧЭ-I3 впредь до перешивки ее на колею I435 милиметров.

3. Президенту Центрального Транспортного Управления доктору ФИЦНЕР к 25 августа укомплектовать штат, восстановить полностью действие связи и в период до I сентября принять руководство работой железних дорог.

4. Освобожающие специальные формирования после передачи участков остаться на своих местах исполняя обязанности уполномоченних по контролю за работой немецких служащих.

5. Уполномоченные ВОСО и комендантские пункты сохраняются и выполняют обязанности уполномоченных по контролю за работой немецких железных дорог.

6. Общее руководство и контроль за работой железных дорог осуществляет Транспортный Отдел Советской Военной Администрации в Германии.

П/П

НАЧАЛЬНИК ВОСО ГСОВ ГЕНЕРАЛ – ЛЕЙТЕНАНТ Т/ВОЙСК:- / А. ЧЕРНЯКОВ /	НАЧАЛЬНИК ТРАНСПОРТНОГО ОТДЕЛА СВА ГЕНЕРАЛ-МАЙОР Т/ВОЙСК :- / Н. КВАШНИН /

В е р н о :- Пом.Нач-ка 5-го Отделения Т/О СВА
Старший Лейтенант :-
/М.СОЗИНОВ/

Der legendäre Befehl Nr. 8 der SMAD und dessen DDR-offizielle Übersetzung. Veröffentlicht wurde von der deutschen Fassung nur der Kopf und Punkt 1.
| *Abbildung: Slg. Kuhlmann*

B e f e h l

des Befehlshabers der militärischen Gruppe der Okkupationszone und des Befehlshabers der Transportabteilung der sowj. militärischen Administration in Deutschland

---

Nr. 8

11. August 1945 **Berlin**

Betr.: Übergabe des Eisenbahnbetriebes in der Sowjetischen Besatzungszone den deutschen Eisenbahnern.

In Verbindung mit dem Befehl des Obersten Chefs der Sowjet. milit. Administration in Deutschland, Marschall der Sowjetunion Genosse Shukow, vom 18.Juli 1945, Nr. 010 -

b e f e h l e n w i r :

1. **Ab 1. September 1945 ist der Eisenbahnbetrieb in der Sowjet. Besatzungszone den deutschen Eisenbahnern zu übergeben.**
2. **Besondere Organisationen, welche sich zur Zeit im Betrieb befinden, haben zu diesem Zeitpunkte die Depots, Bahnhöfe und and. den deutschen Eisenbahnorganisationen zu übergeben, außer dem Abschnitt Potsdam - Frankfurt/Oder, ein Geleise, welches von bedient werden muß, bis zur Umlegung des Gleises auf 1435 mm.**
3. **Der Präsident der Zentralverwaltung des Verkehrswesens, Dr. Fitzner, hat bis zum 25. August das Personal vollständig einzusetzen, voll und ganz die Telefonverbindung herzustellen und bis zum 1. September 1945 die Führung der Eisenbahn zu übernehmen.**
4. **Die freiwerdenden besonderen Organisationen bleiben auch nach der Übergabe auf ihren Plätzen und erfüllen die Aufgabe eines Bevollmächtigten der Kontrolle über die Arbeit der deutschen Eisenbahn.**
5. **Die Bevollmächtigten der milit. Gruppe der Sowjet. Okkupationszone und die Kommandanturen bleiben bestehen und übernehmen die Kontrolle über die Arbeit der deutschen Eisenbahn.**
6. **Allgemeine Führung und Kontrolle über die Arbeit der deutschen Eisenbahn verwirklicht die Transportabteilung der Sowjet. milit. Administration in Deutschland.**

Befehlshaber der milit. Gruppe der Okkupationszone Generalleutnant des techn. Milit.	**Befehlshaber der Transportabteilg. der Sowjet. milit. Administration in Deutschland**
/ Tschernjakow /	**/ Kwaschnin /**

Anmerkungen:
Die Vorlage des russischen Befehls war so schlecht, dass sie nicht reproduzier ist. Der Text wurde deshalb mit allen Fehlern (z. B. **Верлин** statt **Берлин**, **эксплоатация** statt **эксплуатация**) in gleicher Form wie das Original abgeschrieben. Auch in der offiziellen deutschen Übersetzung sind alle (damaligen) orthographischen Fehler enthalten wie im Original (z. B. Besat- zungszone). Die nicht übersetzte letzte Unterschrift lautet:
Richtig: Ortsbefehlshaber der 5.Abteilung T/O der SMA
Oberleutnant /M.Sozinow/

Quellen:

[2.01]	Dr. Bock, Hans: Die Planungen der Reichsbahnbaudirektion Berlin von 1937 bis 1945; in: Archiv für Eisenbahntechnik; Hestra-Verlag [Darmstadt], Heft 24, (Oktober 1969), Seite 16 – 48
[2.02]	Matznick, Heinz: Überblick über die Entwicklung des Reichsbahndirektionsbezirkes Berlin 1945 bis 1955; hrsg. von der Kommission Betriebsgeschichte der Reichsbahndirektion Berlin, Berlin 1987
[2.03]	Kljomin, A.S., u.a.: Militärtransporte Richtung Front; transpress-Verlag, Berlin 1986
[2.04]	Demps, Laurenz: Der Schlesische Bahnhof in Berlin; transpress-Verlag, Berlin 1991
[2.05]	Archiv Schöneberger Ufer der Reichsbahndirektion Berlin
[2.06]	Karlsch, Rainer: Allein bezahlt? - Die Reparationsleistungen der SBZ/DDR; Ch. Links Verlag, Berlin 1993
[2.07]	Rehbein, Elfriede, u.a.: Deutsche Eisenbahnen 1835 - 1985; transpress-Verlag, Berlin 1985

DEMARKATIONSLINIE ZWISCHEN DEN SOWJETISCHEN UND ANGLO-AMERIKANISCHEN TRUPPEN
Demarkationslinie vom 8. Mai bis 30. Juni 1945
Demarkationslinie seit dem 1. Juli 1945 (Zonengrenze)
Grenze der Tschechoslowakei
OSTSEE
Stralsund
Rügen
Rostock
Greifswald
Wismar
Güstrow
Hamburg
Schwerin
Neubrandenburg
Stettin
Parchim
Neu-Strelitz
Prenzlau
Ludwigslust
Dömitz
ELBE
Wittenberge
Neuruppin
Eberswalde
Landsberg
Küstrin
Warthe
Salzwedel
Stendal
Hannover
Brandenburg
BERLIN
Frankfurt
Braunschweig
ODER
Magdeburg
Jüterbog
ELBE
Wittenberg
Halberstadt
Cottbus
Forst
Bernburg
Dessau
Finsterwalde
vereinte Mulde
Göttingen
Torgau
Lausitzer Neiße
Nordhausen
Halle
Leipzig
Riesa
Merseburg
Meißen
Bautzen
Görlitz
Dresden
Eisenach
Weimar
Erfurt
Jena
Altenburg
Gera
Zwickauer Mulde
Chemnitz
Zwickau
Saalfeld
Suhl
Plauen
Fulda
Hof
Beilage Nr. 2 zu „Die sowjetische Besatzungszone Deutschlands in den Jahren 1945-1954", herausgegeben vom Bundesministerium für gesamtdeutsche Fragen, Bonn 1955
Beilage Nr. 2

3. Reichsbahn organisiert Zugverkehr

Zum Kriegsende am 8. Mai 1945 lag zwar die alte Reichshauptstadt in Schutt und Asche, war – wie große Teile Ostdeutschlands – von der Roten Armee besetzt. Doch in Schwerin (Meckl), Stendal, Magdeburg, Dessau, Leipzig residierten die britischen Truppen, während Altenburg und Plauen (Vogtl) von der US-Armee besetzt waren; Elbe und Mulde bildeten große Teile der vorübergehenden Demarkationslinie zwischen den Alliierten. Erst am 1. Juli 1945 galten die bisherigen Ländergrenzen als Zonengrenze zwischen den Besatzungszonen.

Am 13. Mai 1945 erließ der sowjetische Stadtkommandant Generaloberst Nikolai Bersarin seinen heute legendären Befehl Nr. 1, der als Wiederaufbaubefehl bekannt ist. Darin heißt es u.a.: *»4. Alle kommunalen Betriebe, städtischen Verkehrsmittel (Untergrund- und Hochbahn, Straßenbahn und Trolleybus), ... haben ihre Arbeit zur Versorgung der Bevölkerung wieder aufzunehmen. ...«* Damit sollte die Wirtschaft und das öffentliche Leben wieder in Gang gesetzt werden. Zu dieser Zeit hatten die westlichen Alliierten noch nicht ihre zugewiesenen Sektoren in Berlin eingenommen.

Der im Krieg zerstörte Anhalter Bahnhof aus der Luft. | *Foto: Slg. Kuhlmann*

< Nach Kriegsende vorübergehende Demarkationslinie zwischen den alliierten Truppen und ab 1. Juli 1945 gültige Zonengrenze zwischen den Besatzungszonen. | *Grafik: Bundesministerium für gesamtdeutsche Fragen, 1955*

Nicht Stalins Sonderzug, sondern ein von einer Dampflokomotive der Baureihe 52 geführter Personenzug auf der Stadtbahn in Höhe des zerstörten Hansaviertels (Mai 1949).
| *Foto: Slg. Kuhlmann*

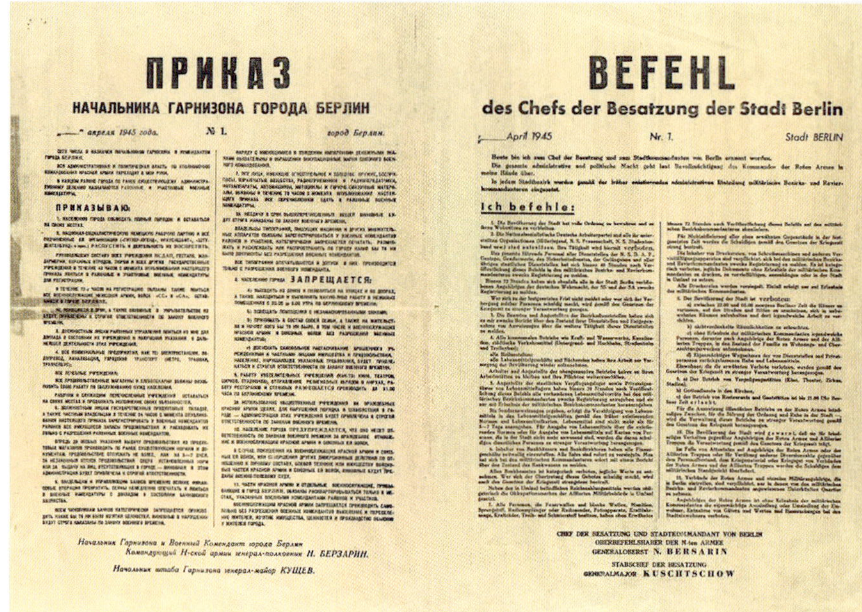

ПРИКАЗ

НАЧАЛЬНИКА ГАРНИЗОНА ГОРОДА БЕРЛИН

BEFEHL

des Chefs der Besatzung der Stadt Berlin

April 1945 Nr. 1. Stadt Berlin

Ich befehle:

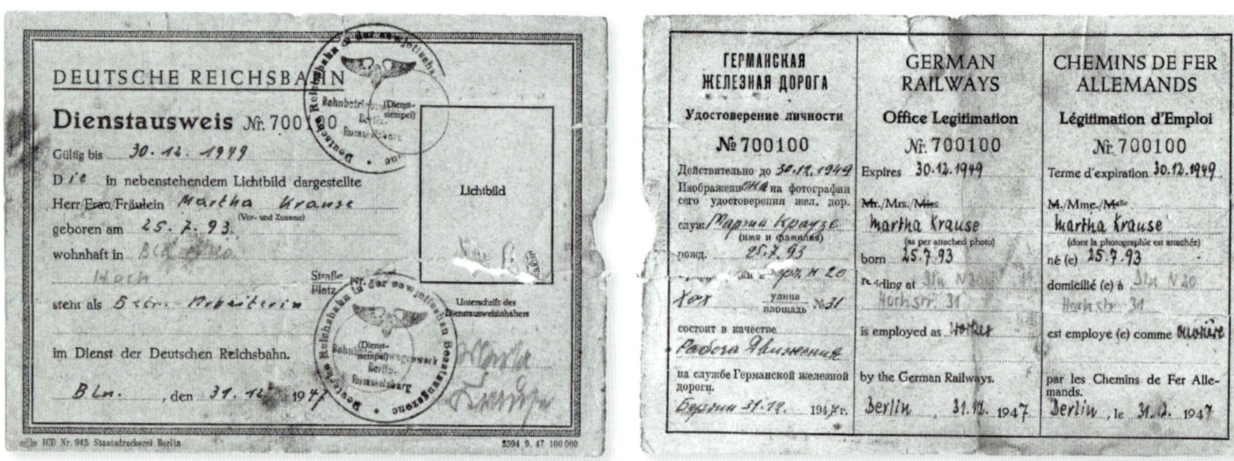

DEUTSCHE REICHSBAHN

Dienstausweis Nr. 700100

Gültig bis 30. 12. 1949

Die in nebenstehendem Lichtbild dargestellte Herr/Frau/Fräulein Martha Krause

geboren am 25. 7. 93.

wohnhaft in

Straße/Platz

steht als

im Dienst der Deutschen Reichsbahn.

Bln., den 31. 12. 1947

Lichtbild

Unterschrift des Dienstausweisinhabers

ГЕРМАНСКАЯ ЖЕЛЕЗНАЯ ДОРОГА	GERMAN RAILWAYS	CHEMINS DE FER ALLEMANDS
Удостоверение личности	Office Legitimation	Légitimation d'Emploi
№ 700100	Nr. 700100	Nr. 700100
Действительно до 30.12.1949	Expires 30.12.1949	Terme d'expiration 30.12.1949
Изображенному на фотографии сего удостоверения жел. дор. служ. Марта Краузе	Mr./Mrs./Miss Martha Krause	M./Mme./Melle Martha Krause
родн. 25.7.93	born 25.7.93	né (e) 25.7.93
улица / площадь	residing at	domicilié (e) à
состоит в качестве	is employed as	est employé (e) comme
на службе Германской железной дороги.	by the German Railways.	par les Chemins de Fer Allemands.
Берлин 31.12. 1947 г.	Berlin, 31.12. 1947	Berlin, le 31.12. 1947

Dreisprachiger Dienstausweis der DR von 1947, der die bisherigen zweisprachigen ersetzte, für eine in West-Berlin wohnende Beschäftigte des Bahnbetriebswagenwerkes Berlin-Rummelsburg.
| *Foto: Slg. R. Roggenbuck*

Am 17. Mai 1945 nahm die Reichsbahndirektion (RBD) Berlin ihre Arbeit wieder auf. Zugleich hatte sich jeder Eisenbahner bei seiner bisherigen Dienststelle zu melden. Unter Aufsicht des von der Besatzungsmacht seit 6. Juni 1945 bestellten »Militärbevollmächtigten für das Transportwesen (MBV)« hatte sie *»den Bezirk mit dem Ziel zu verwalten, den Betrieb wieder in Gang zu setzen und diese Aufgaben im Geiste der Bereinigung Ihres Bereiches vom Faschismus zu erfüllen.«* Weil es noch keine zentrale Verkehrs- und Eisenbahnverwaltung gab, verlangte die RBD gleichzeitig: *»Da die RBD die Verantwortung für die Erledigung ihrer Aufgaben trägt, sind Eingriffe aller Art anderer deutscher Stellen unzulässig.«* Zunächst blieben alte Strukturen und Abteilungen erhalten – soweit sie nicht der NS-Ideologie unterlagen – und damit auch die territorialen und fachlichen Zuständigkeiten und Weisungslinien in Kraft, bis die sowjetischen Besatzungsbehörden dies änderten [3.01, 3.02].

Am 19. Mai 1945 führte der neue Präsident Mangold die erste Besprechung mit den Vorständen der Betriebs-, Verkehrs- und Maschinenämter und schätzten den Zustand der Bahnanlagen sowie die notwendigen Instandsetzungsarbeiten ein. Zunächst sollten vorwiegend Betriebseisenbahner zu Aufräumungs- und Instandsetzungsarbeiten herangezogen werden, bis ein ordnungsgemäßer Betrieb aufgenommen werden kann. Dazu waren bis 9. Juni 1945 neue Dienstausweise in deutscher und russischer Sprache auszustellen.

Mit Befehl Nr. 4 des Stadtkommandanten von Berlin Nikolai Bersarin galt ab 20. Mai 1945 in Groß-Berlin und der sowjetischen Besatzungszone die sogenannte Mitteleuropäische Hochsommerzeit (MEHSZ), war aber genau die Moskauer Zeit. Zur bestehenden Mitteleuropäischen Sommerzeit (MESZ, MEZ plus eine Stunde) mussten die Uhren eine weitere Stunde vorgestellt werden, bis am 24. September 1945 die MEHSZ aufgehoben wurde; die MESZ endete erst am 18. November 1945. Allerdings galt die MEHSZ noch einmal in ganz (!) Deutschland, und zwar vom 11. Mai bis 29. Juni 1947! [3.03].

Unter den eingangs genannten politischen und wirtschaftlichen Bedingungen nahm am 6. Juni 1946 die Reichsbahndirektion den Dienstbetrieb auf. Ihre ersten Aufgaben waren die unverzügliche Aufnahme des Zugbetriebes und des Rangierdienstes zu organisieren. Das war leichter gesagt als getan.

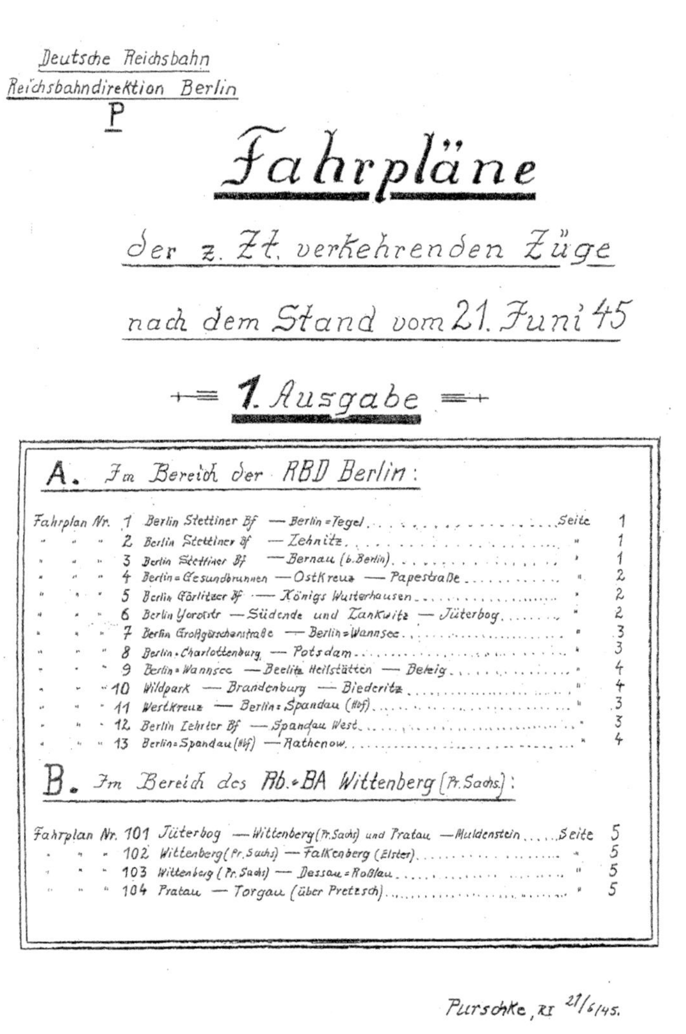

Deutsche Reichsbahn
Reichsbahndirektion Berlin
P

Fahrpläne
der z. Zt. verkehrenden Züge
nach dem Stand vom 21. Juni 45

1. Ausgabe

A. Im Bereich der RBD Berlin:

Fahrplan Nr. 1 Berlin Stettiner Bf — Berlin=Tegel .... Seite 1
" " " 2 Berlin Stettiner Bf — Lehnitz .... " 1
" " " 3 Berlin Stettiner Bf — Bernau (b. Berlin) .... " 1
" " " 4 Berlin=Gesundbrunnen — Ostkreuz — Papestraße .... " 2
" " " 5 Berlin Görlitzer Bf — Königs Wusterhausen .... " 2
" " " 6 Berlin Yorckstr — Südende und Lankwitz — Jüterbog .... " 2
" " " 7 Berlin Großgörschenstraße — Berlin=Wannsee .... " 3
" " " 8 Berlin=Charlottenburg — Potsdam .... " 3
" " " 9 Berlin=Wannsee — Beelitz Heilstätten — Belzig .... " 4
" " " 10 Wildpark — Brandenburg — Biederitz .... " 4
" " " 11 Westkreuz — Berlin=Spandau (Hbf) .... " 3
" " " 12 Berlin Lehrter Bf — Spandau West .... " 3
" " " 13 Berlin=Spandau (Hbf) — Rathenow .... " 4

B. Im Bereich des Rb.=BA Wittenberg (Pr. Sachs):

Fahrplan Nr. 101 Jüterbog — Wittenberg (Pr. Sachs) und Pratau — Muldenstein ...... Seite 5
" " " 102 Wittenberg (Pr. Sachs) — Falkenberg (Elster) .... " 5
" " " 103 Wittenberg (Pr. Sachs) — Dessau=Roßlau .... " 5
" " " 104 Pratau — Torgau (über Pretzsch) .... " 5

Purschke, RI 21/6/45.

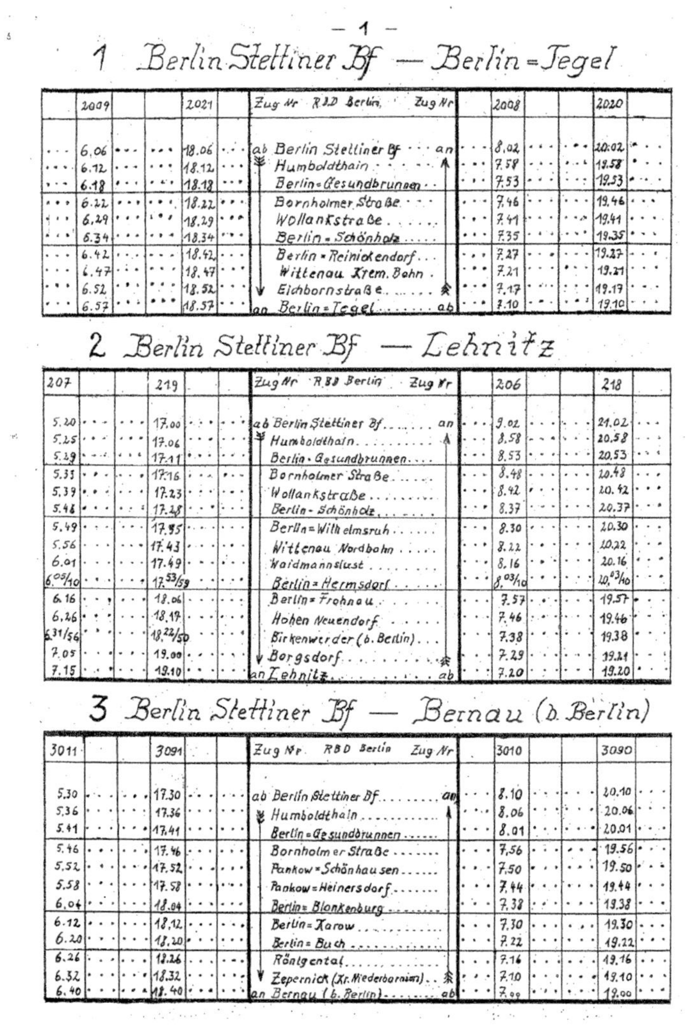

— 1 —

1 Berlin Stettiner Bf — Berlin=Tegel

	2009			2021		Zug Nr RBD Berlin Zug Nr		2008			2020	
	6.06			18.06		ab Berlin Stettiner Bf … an		8.02			20.02	
	6.12			18.12		Humboldthain		7.58			19.58	
	6.18			18.18		Berlin=Gesundbrunnen		7.53			19.53	
	6.22			18.22		Bornholmer Straße		7.46			19.46	
	6.29			18.29		Wollankstraße		7.41			19.41	
	6.34			18.34		Berlin=Schönholz		7.35			19.35	
	6.42			18.42		Berlin=Reinickendorf		7.27			19.27	
	6.47			18.47		Wittenau Krem. Bahn		7.21			19.21	
	6.52			18.52		Eichbornstraße		7.17			19.17	
	6.57			18.57		an Berlin=Tegel … ab		7.10			19.10	

2 Berlin Stettiner Bf — Lehnitz

207			219			Zug Nr RBD Berlin Zug Nr		206			218	
5.20			17.00			ab Berlin Stettiner Bf … an		9.02			21.02	
5.25			17.06			Humboldthain		8.58			20.58	
5.29			17.11			Berlin=Gesundbrunnen		8.53			20.53	
5.33			17.16			Bornholmer Straße		8.48			20.48	
5.39			17.23			Wollankstraße		8.42			20.42	
5.48			17.28			Berlin=Schönholz		8.37			20.37	
5.49			17.35			Berlin=Wilhelmsruh		8.30			20.30	
5.56			17.43			Wittenau Nordbahn		8.22			20.22	
6.01			17.49			Waidmannslust		8.16			20.16	
6.05/10			17.53/59			Berlin=Hermsdorf		8.03/10			20.03/10	
6.16			18.06			Berlin=Frohnau		7.57			19.57	
6.26			18.17			Hohen Neuendorf		7.46			19.46	
6.31/56			18.22/50			Birkenwerder (b. Berlin)		7.38			19.38	
7.05			19.00			Borgsdorf		7.29			19.21	
7.15			19.10			an Lehnitz … ab		7.20			19.20	

3 Berlin Stettiner Bf — Bernau (b. Berlin)

3011			3091			Zug Nr RBD Berlin Zug Nr		3010			3090	
5.30			17.30			ab Berlin Stettiner Bf … an		8.10			20.10	
5.36			17.36			Humboldthain		8.06			20.06	
5.41			17.41			Berlin=Gesundbrunnen		8.01			20.01	
5.46			17.46			Bornholmer Straße		7.56			19.56	
5.52			17.52			Pankow=Schönhausen		7.50			19.50	
5.58			17.58			Pankow=Heinersdorf		7.44			19.44	
6.04			18.04			Berlin=Blankenburg		7.38			19.38	
6.12			18.12			Berlin=Karow		7.30			19.30	
6.20			18.20			Berlin=Buch		7.22			19.22	
6.26			18.26			Röntgental		7.16			19.16	
6.32			18.32			Zepernick (Kr. Niederbarnim)		7.10			19.10	
6.40			18.40			an Bernau (b. Berlin) … ab		7.00			19.00	

Das erste für Berlin und Umland herausgegebene Fahrplanheft vom 21. Juni 1945 als Matrizenabzug. | *Dokument: Slg. Manuel Jacob*

Der zivile Reiseverkehr beginnt

Mit der Aufnahme des Dienstbetriebes im Außendienst begann der zivile Reiseverkehr auf den befahrbaren Streckenabschnitten mit den wenigen vorhandenen und einsatzfähigen Betriebsmitteln:

- ab 17. Mai 1945 zwei Personenzugpaare zwischen Großwusterwitz und Burg (b Mg), drei Tage später bis Brandenburg, weitere zwei Tage später bis Biederitz ausgedehnt, mit je einem Zugpaar seit 1. Juni 1945 auch zwischen Werder (Havel) und Brandenburg sowie Brandenburg – Burg (Triebwagen);
- seit 31. Mai 1945 lief ein Zugpaar zwischen Gesundbrunnen und Berlin-Buch;
- seit 5. Juni 1945 bestand zweimal täglich Dienstpersonenverkehr zwischen dem Görlitzer Bahnhof und Königs Wusterhausen, der am 8. Juni 1945 für den öffentlichen Reiseverkehr freigegeben wurde;
- seit 12. Juni 1945 fuhr täglich ein Zugpaar zwischen Berlin-Spandau und Rathenow;

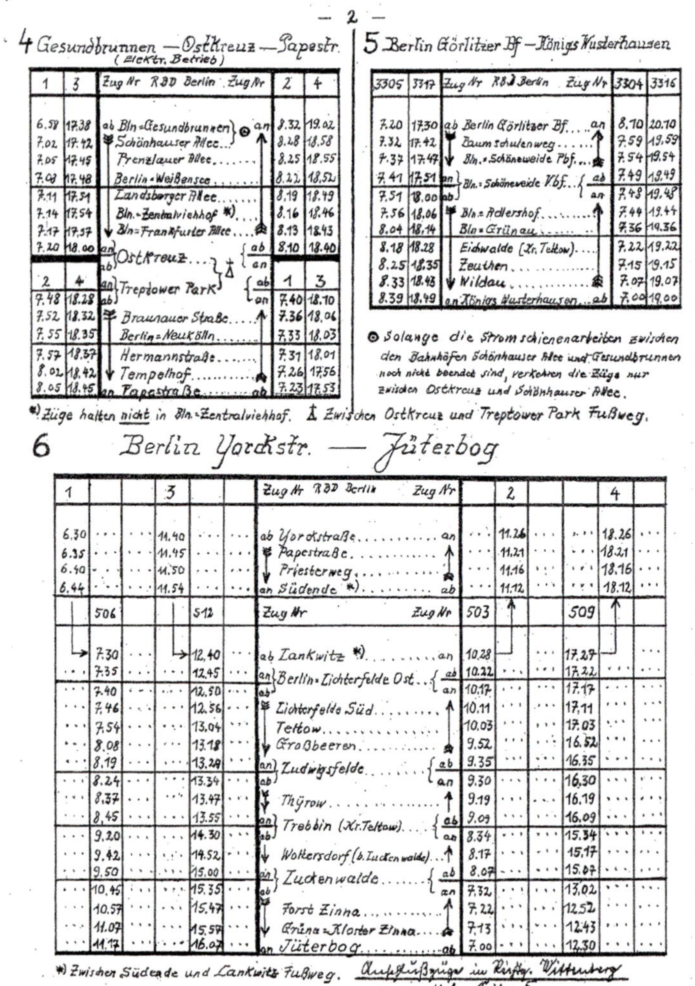

– 2 –

4 Gesundbrunnen – Ostkreuz – Papestr. (Elektr. Betrieb)

1	3	Zug Nr RBD Berlin Zug Nr	2	4
6.58	17.38	ab Bln=Gesundbrunnen ⊙ an	8.32	19.02
7.02	17.42	Schönhauser Allee	8.28	18.58
7.05	17.45	Prenzlauer Allee	8.25	18.55
7.08	17.48	Berlin=Weißensee	8.22	18.52
7.11	17.51	Landsberger Allee	8.19	18.49
7.14	17.54	Bln.=Zentralviehhof *)	8.16	18.46
7.17	17.57	Bln=Frankfurter Allee	8.13	18.43
7.20	18.00	an Ostkreuz ab	8.10	18.40
2	4	ab Ostkreuz an / an Treptower Park ab	1	3
7.48	18.28	ab Treptower Park an	7.40	18.10
7.52	18.32	Braunauer Straße	7.36	18.06
7.55	18.35	Berlin=Neukölln	7.33	18.03
7.57	18.37	Hermannstraße	7.31	18.01
8.02	18.42	Tempelhof	7.26	17.56
8.05	18.45	an Papestraße ab	7.23	17.53

*) Züge halten nicht in Bln.=Zentralviehhof. Zwischen Ostkreuz und Treptower Park Fußweg.

5 Berlin Görlitzer Bf – Königs Wusterhausen

3305	3317	Zug Nr RBD Berlin Zug Nr	3304	3316
7.20	17.30	ab Berlin Görlitzer Bf. an	8.10	20.10
7.32	17.42	Baumschulenweg	7.59	19.59
7.37	17.47	Bln.=Schöneweide Pbf.	7.54	19.54
7.41	17.51	an Bln.=Schöneweide Vbf. ab	7.49	19.49
7.51	18.00	ab Bln.=Schöneweide Vbf. an	7.48	19.48
7.56	18.06	Bln.=Adlershof	7.44	19.44
8.04	18.14	Bln=Grünau	7.36	19.36
8.18	18.28	Eichwalde (Kr. Teltow)	7.22	19.22
8.25	18.35	Zeuthen	7.15	19.15
8.33	18.43	Wildau	7.07	19.07
8.39	18.49	an Königs Wusterhausen ab	7.00	19.00

⊙ Solange die Stromschienenarbeiten zwischen den Bahnhöfen Schönhauser Allee und Gesundbrunnen noch nicht beendet sind, verkehren die Züge nur zwischen Ostkreuz und Schönhauser Allee.

6 Berlin Yorckstr. – Jüterbog

1	3	Zug Nr RBD Berlin Zug Nr	2	4
6.30	11.40	ab Yorckstraße an	11.26	18.26
6.35	11.45	Papestraße	11.21	18.21
6.40	11.50	Priesterweg	11.16	18.16
6.44	11.54	an Südende *) ab	11.12	18.12

506	512	Zug Nr Zug Nr	503	509
7.30	12.40	ab Lankwitz *) an	10.28	17.27
7.35	12.45	an Berlin=Lichterfelde Ost ab	10.22	17.22
7.40	12.50	ab Berlin=Lichterfelde Ost an	10.17	17.17
7.46	12.56	Lichterfelde Süd	10.11	17.11
7.54	13.04	Teltow	10.03	17.03
8.08	13.18	Großbeeren	9.52	16.52
8.19	13.29	an Ludwigsfelde ab	9.35	16.35
8.24	13.34	ab Ludwigsfelde an	9.30	16.30
8.37	13.47	Thyrow	9.19	16.19
8.45	13.55	an Trebbin (Kr. Teltow) ab	9.09	16.09
9.20	14.30	ab Trebbin (Kr. Teltow) an	8.34	15.34
9.42	14.52	Woltersdorf (b. Luckenwalde)	8.17	15.17
9.50	15.00	an Luckenwalde ab	8.07	15.07
10.45	15.35	ab Luckenwalde an	7.32	13.02
10.57	15.47	Forst Zinna	7.22	12.52
11.07	15.57	Grüna=Kloster Zinna	7.13	12.43
11.17	16.07	an Jüterbog ab	7.00	12.30

*) Zwischen Südende und Lankwitz Fußweg.

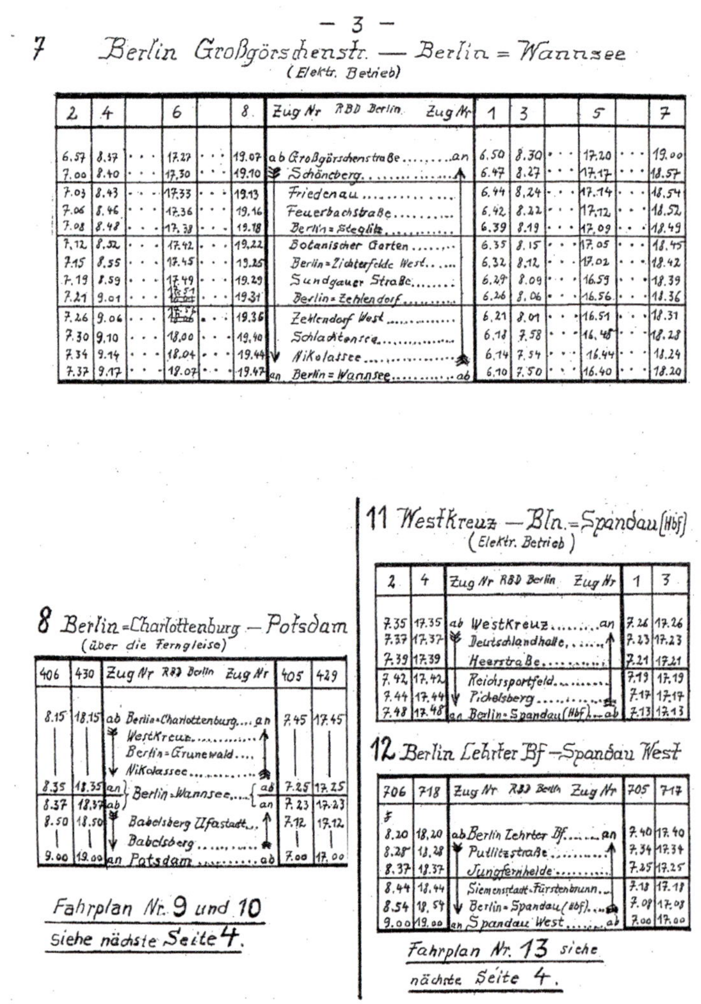

– 3 –

7 Berlin Großgörschenstr. – Berlin=Wannsee (Elektr. Betrieb)

2	4	6	8	Zug Nr RBD Berlin Zug Nr	1	3	5	7
6.57	8.37	17.27	19.07	ab Großgörschenstraße an	6.50	8.30	17.20	19.00
7.00	8.40	17.30	19.10	Schöneberg	6.47	8.27	17.17	18.57
7.03	8.43	17.33	19.13	Friedenau	6.44	8.24	17.14	18.54
7.06	8.46	17.36	19.16	Feuerbachstraße	6.42	8.22	17.12	18.52
7.08	8.48	17.38	19.18	Berlin=Steglitz	6.39	8.19	17.09	18.49
7.12	8.52	17.42	19.22	Botanischer Garten	6.35	8.15	17.05	18.45
7.15	8.55	17.45	19.25	Berlin=Lichterfelde West	6.32	8.12	17.02	18.42
7.19	8.59	17.49	19.29	Sundgauer Straße	6.29	8.09	16.59	18.39
7.21	9.01	17.51 [illegible]	19.31	Berlin=Zehlendorf	6.26	8.06	16.56	18.36
7.26	9.06	[illegible]	19.36	Zehlendorf West	6.21	8.01	16.51	18.31
7.30	9.10	18.00	19.40	Schlachtensee	6.18	7.58	16.48	18.28
7.34	9.14	18.04	19.44	Nikolassee	6.14	7.54	16.44	18.24
7.37	9.17	18.07	19.47	an Berlin=Wannsee ab	6.10	7.50	16.40	18.20

8 Berlin=Charlottenburg – Potsdam (über die Ferngleise)

406	430	Zug Nr RBD Berlin Zug Nr	405	429
8.15	18.15	ab Berlin=Charlottenburg an	7.45	17.45
|	|	Westkreuz	|	|
|	|	Berlin=Grunewald	|	|
|	|	Nikolassee	|	|
8.35	18.35	an Berlin=Wannsee ab	7.25	17.25
8.37	18.37	ab Berlin=Wannsee an	7.23	17.23
8.50	18.50	Babelsberg Ufastadt	7.12	17.12
|	|	Babelsberg	|	|
9.00	19.00	an Potsdam ab	7.00	17.00

Fahrplan Nr. 9 und 10 siehe nächste Seite 4.

11 Westkreuz – Bln.=Spandau (Hbf) (Elektr. Betrieb)

2	4	Zug Nr RBD Berlin Zug Nr	1	3
7.35	17.35	ab Westkreuz an	7.26	17.26
7.37	17.37	Deutschlandhalle	7.23	17.23
7.39	17.39	Heerstraße	7.21	17.21
7.42	17.42	Reichssportfeld	7.19	17.19
7.44	17.44	Pichelsberg	7.17	17.17
7.48	17.48	an Berlin=Spandau (Hbf) ab	7.13	17.13

12 Berlin Lehrter Bf – Spandau West

706	718	Zug Nr RBD Berlin Zug Nr	705	717
8.20	18.20	ab Berlin Lehrter Bf. an	7.40	17.40
8.28	18.28	Putlitzstraße	7.34	17.34
8.37	18.37	Jungfernheide	7.25	17.25
8.44	18.44	Siemensstadt-Fürstenbrunn	7.18	17.18
8.54	18.54	Berlin=Spandau (Hbf)	7.08	17.08
9.00	19.00	an Spandau West ab	7.00	17.00

Fahrplan Nr. 13 siehe nächste Seite 4.

- seit 15. Juni 1945 verkehrte in beiden Richtungen ein Güterzug mit Personenbeförderung (Gmp) von Berlin nach Neuruppin mit Anschluss nach Wittenberge;
- ab Juni 1945 wurde Reiseverkehr mit Dampfzügen auf den noch nicht wieder elektrisch befahrbaren S-Bahn-Strecken mit mindestens zwei Zugpaaren eingerichtet: vom Stettiner Bahnhof nach Bernau, Lehnitz und Tegel, vom Lehrter Bahnhof nach Spandau, von Yorckstraße nach Südende, von Charlottenburg nach Potsdam und von Wannsee nach Belzig.
- Am 21. Juni 1945 gab die wiedererstandene Rbd Berlin ein behelfsmäßig hergestelltes Fahrplanheft für den öffentlichen Reiseverkehr heraus, in dem diese Verbindungen aufgeführt waren [3.02].

— 4 —

9 Berlin-Wannsee — Beelitz Heilstätten — Belzig *)

							Zug Nr RBD Berlin Zug Nr							
6.45	...	...	...	...	...	18.45	ab Berlin-Wannsee ...... an	6.10	...	...	...	...	...	18.10
7.00	...	...	...	...	...	19.00	Drewitz	6.00	...	...	...	...	...	18.00
	...	...	...	...	...		Rehbrücke		...	...	...	...	...	
	...	...	...	...	...		Wilhelmshorst		...	...	...	...	...	
	...	...	...	...	...		Michendorf		...	...	...	...	...	
	...	...	...	...	...		an Seddin ab		...	...	...	...	...	
7.40	...	9.00	...	17.00	...	19.40	ab Seddin an	5.20	...	8.30	...	16.30	...	17.20
7.50	...	9.10	...	17.10	...	19.50	an Beelitz Heilstätten ab	5.10	...	8.20	...	16.20	...	17.10
...	...		...		...	...	ab Beelitz Heilstätten an	...	...		...		...	...
...	...		...		...	...	Borkheide	...	...		...		...	...
...	...		...		...	...	Brück (Mark)	...	...		...		...	...
...	...		...		...	...	Baitz	...	...		...		...	...
...	...	10.00	...	18.00	...	...	an Belzig Reichsb. ..... ab	...	...	7.30	...	15.30	...	...

*) Fahrzeiten für die Zwischenbahnhöfe lagen bei Drucklegung noch nicht vor.

10 Wildpark — Brandenburg — Biederitz

Dstp 2302	P 364	T 366	T 260	P 308	Dstp 2304	P 266	Zug Nr RBD Berlin Zug Nr	Dstp 2303	Dstp 2301	P 369	P 363	T 365	Dstp 2305	P 481
...	7.00	...	...	16.54	...	20.30	ab Wildpark .... an	6.28	...	8.31	...	...	...	20.02
...	7.13	...	...	17.07	...	20.45	an Werder (Havel) ... ab	6.15	...	8.18	...	...	...	19.49
...	7.18	...	...	17.10	...	20.46	ab Werder (Havel) ... an	6.12	...	8.15	...	...	...	19.46
...	7.40	...	...	17.32	...	20.58	Großkreutz	5.50	...	7.53	...	...	...	19.24
...	7.47	...	...	17.39	...	21.05	Götz	5.43	...	7.46	...	...	...	19.17
...	8.10	...	...	18.02	...	21.27	an Brandenburg Rb ... ab	5.20	...	7.23	...	...	...	18.54
7.15	8.25	11.00	15.30	18.17	19.25	...	ab Brandenburg Rb ... an	...	6.55	7.08	10.49	15.18	19.05	18.39
7.40	8.49	11.24	15.54	18.40	19.48	...	Kirchmöser	...	6.30	6.45	10.25	14.54	18.42	18.16
an	8.58	11.32	an	18.49	an	...	Großwusterwitz Rb	...	...	6.36	...	14.46	...	18.07
...	9.11	11.45	...	19.02	...	...	Kade	...	...	6.24	...	14.33	...	17.55
...	9.28	12.02	...	19.19	...	...	an Genthin Rb Bf ... ab	...	...	6.07	...	14.16	...	17.38
...	9.33	12.05	...	19.24	...	...	ab Genthin Rb Bf ... an	...	...	6.03	...	14.14	...	17.33
...	9.48	12.21	...	19.39	...	...	Bergzow-Parchen	...	...	5.48	...	13.58	...	17.18
...	10.03	12.36	...	19.55	...	...	Güsen (Bz. Magdbg)	...	...	5.34	...	13.43	...	17.04
...	10.25	12.59	...	20.17	...	...	an Burg (b. Magdebg) ... ab	...	...	5.10	...	13.20	...	18.40
...	10.35	...	...	20.27	...	...	ab Burg (b. Magdebg) ... an	...	...	5.03	...	...	...	16.32
...	10.50	...	...	20.42	...	...	Möser	...	...	4.48	...	...	...	16.17
...	11.00	...	...	20.52	...	...	an Gerwisch ... ab	...	...	4.38	...	...	...	16.07
...	11.02	...	...	21.07	...	...	ab Gerwisch ... an	...	...	4.37	...	...	...	16.06
...	11.09	...	...	21.14	...	...	an Biederitz .... ab	...	...	4.30	...	...	...	16.00

13 Berlin=Spandau [Hbf] — Rathenow *)

				Zug Nr RBD Berlin Zug Nr				
...	...	19.00	...	ab Berlin=Spandau (Hbf) .... an	...	9.00	...	...
...	...	21.00	...	an Rathenow Reichsb. ...... ab	...	7.00	...	...

*) Fahrzeiten für die Zwischenbahnhöfe lagen bei Drucklegung noch nicht vor.

— 4 —

9 Berlin-Wannsee — Beelitz Heilstätten — Belzig *)

							Zug Nr RBD Berlin Zug Nr							
6.45	...	...	...	...	...	18.45	ab Berlin-Wannsee ...... an	6.10	...	...	...	...	...	18.10
7.00	...	...	...	...	...	19.00	Drewitz	6.00	...	...	...	...	...	18.00
	...	...	...	...	...		Rehbrücke		...	...	...	...	...	
	...	...	...	...	...		Wilhelmshorst		...	...	...	...	...	
	...	...	...	...	...		Michendorf		...	...	...	...	...	
	...	...	...	...	...		an Seddin ab		...	...	...	...	...	
7.40	...	9.00	...	17.00	...	19.40	ab Seddin an	5.20	...	8.30	...	16.30	...	17.20
7.50	...	9.10	...	17.10	...	19.50	an Beelitz Heilstätten ab	5.10	...	8.20	...	16.20	...	17.10
...	...		...		...	...	ab Beelitz Heilstätten an	...	...		...		...	...
...	...		...		...	...	Borkheide	...	...		...		...	...
...	...		...		...	...	Brück (Mark)	...	...		...		...	...
...	...		...		...	...	Baitz	...	...		...		...	...
...	...	10.00	...	18.00	...	...	an Belzig Reichsb. ..... ab	...	...	7.30	...	15.30	...	...

*) Fahrzeiten für die Zwischenbahnhöfe lagen bei Drucklegung noch nicht vor.

10 Wildpark — Brandenburg — Biederitz

Dstp 2302	P 364	T 366	T 260	P 308	Dstp 2304	P 266	Zug Nr RBD Berlin Zug Nr	Dstp 2303	Dstp 2301	P 369	P 363	T 365	Dstp 2305	P 481
...	7.00	...	...	16.54	...	20.30	ab Wildpark .... an	6.28	...	8.31	...	...	...	20.02
...	7.13	...	...	17.07	...	20.45	an Werder (Havel) ... ab	6.15	...	8.18	...	...	...	19.49
...	7.18	...	...	17.10	...	20.46	ab Werder (Havel) ... an	6.12	...	8.15	...	...	...	19.46
...	7.40	...	...	17.32	...	20.58	Großkreutz	5.50	...	7.53	...	...	...	19.24
...	7.47	...	...	17.39	...	21.05	Götz	5.43	...	7.46	...	...	...	19.17
...	8.10	...	...	18.02	...	21.27	an Brandenburg Rb ... ab	5.20	...	7.23	...	...	...	18.54
7.15	8.25	11.00	15.30	18.17	19.25	...	ab Brandenburg Rb ... an	...	6.55	7.08	10.49	15.18	19.05	18.39
7.40	8.49	11.24	15.54	18.40	19.48	...	Kirchmöser	...	6.30	6.45	10.25	14.54	18.42	18.16
an	8.58	11.32	an	18.49	an	...	Großwusterwitz Rb	...	...	6.36	...	14.46	...	18.07
...	9.11	11.45	...	19.02	...	...	Kade	...	...	6.24	...	14.33	...	17.55
...	9.28	12.02	...	19.19	...	...	an Genthin Rb Bf ... ab	...	...	6.07	...	14.16	...	17.38
...	9.33	12.05	...	19.24	...	...	ab Genthin Rb Bf ... an	...	...	6.03	...	14.14	...	17.33
...	9.48	12.21	...	19.39	...	...	Bergzow-Parchen	...	...	5.48	...	13.58	...	17.18
...	10.03	12.36	...	19.55	...	...	Güsen (Bz. Magdbg)	...	...	5.34	...	13.43	...	17.04
...	10.25	12.59	...	20.17	...	...	an Burg (b. Magdebg) ... ab	...	...	5.10	...	13.20	...	18.40
...	10.35	...	...	20.27	...	...	ab Burg (b. Magdebg) ... an	...	...	5.03	...	...	...	16.32
...	10.50	...	...	20.42	...	...	Möser	...	...	4.48	...	...	...	16.17
...	11.00	...	...	20.52	...	...	an Gerwisch ... ab	...	...	4.38	...	...	...	16.07
...	11.02	...	...	21.07	...	...	ab Gerwisch ... an	...	...	4.37	...	...	...	16.06
...	11.09	...	...	21.14	...	...	an Biederitz .... ab	...	...	4.30	...	...	...	16.00

13 Berlin=Spandau [Hbf] — Rathenow *)

				Zug Nr RBD Berlin Zug Nr				
...	...	19.00	...	ab Berlin=Spandau (Hbf) .... an	...	9.00	...	...
...	...	21.00	...	an Rathenow Reichsb. ...... ab	...	7.00	...	...

*) Fahrzeiten für die Zwischenbahnhöfe lagen bei Drucklegung noch nicht vor.

Auch der Fernreiseverkehr begann recht zaghaft. Über die Stadtbahn fuhren Züge bis Roßlau (Elbe), ab Juli 1945 gab es jeden zweiten Tag eine Verbindung über Cottbus nach Dresden und zurück, seit 13. Juli 1945 vom Lehrter Bahnhof regelmäßig Reisezüge nach Angermünde und Neustrelitz sowie seit 16. Juli 1945 vom Anhalter Bahnhof nach Wittenberg und Halle (Saale), ab 20. August 1945 gar nach Erfurt und ab 26. August 1945 nach Dresden-Neustadt. Mit Stand vom 30. August 1945 erscheint als Druckstück der erste »Amtliche Taschenfahrplan für den Berliner Fernverkehr mit Anschlußstrecken einschl. Berliner S-Bahn«, Zeitangaben noch in Moskauer Zeit [3.02].

In allen Zügen, wie auch im P 322 bei der Ausfahrt aus Eberswalde, war der erste Wagen hinter der (heizenden) Lokomotive nur für Angehörige der Sowjetarmee reserviert, die üblicherweise die damalige 2. Klasse beanspruchte. Noch lachen die »Trittbrettfahrer«, doch ernst wurde es in Bahnhöfen bei einem ebenso besetzten Gegenzug, tödliche »Abstreifungen« waren die Folge. | *Foto: Sammlung R. Garn, Hamburg*

Eine Situation, wie sie nach Kriegsende immer wieder vorkam: Tausende stürmen den selten fahrenden Zug.
| *Foto: Bundesarchiv Bild 183-H26874*

1946 hatte sich die Situation im Reiseverkehr schon verbessert: Die wenigen nicht von der Besatzungsmacht requirierten Triebwagen konnten wieder eingesetzt werden (hier Bahnhof Charlottenburg), doch auch auf Dächern und Trittbrettern der übrigen Züge suchten Reisende nach Platz. | *Foto: Histor. Slg. DBAG*

1947 auf dem zerstörten Anhalter Bahnhof in Berlin: Der Triebwagenzug von Leipzig ist eingefahren.
| *Foto: Histor. Slg. DBAG*

Trotz aller Verbesserungen waren die Fahrzeiten wegen beschädigter Strecken und Brücken zu lang: nach Eberswalde 1 ½ Std, nach Wittenberge 4 Std., nach Cottbus 3 ¾ Std., nach Schwerin 9 Std, nach Erfurt 11 Std. (Zug fuhr weiter nach Bad Salzungen!). Wichtig war zunächst, dass überhaupt wieder Züge fuhren, auch wenn diese hoffnungslos überfüllt waren, die Menschen auf Trittbrettern und Wagendächern hingen. Mit Verkaufskontingenten für zuschlagfreie Züge und später mit Zulassungskarten für die wenigen Schnellzüge versuchte man, der katastrophalen Situation Herr zu werden. Ein amtliches Resümee der Rbd Berlin vom 10. Oktober 1945 nannte bereits wieder 27 Zugpaare von/nach Berlin.

Tabelle 3a: Betriebsaufnahmen im Vorort- und Fernverkehr [4.02]

Datum	Strecke
vom Anhalter Bahnhof	
16. Juli 1945	2 Zp Wittenberg, ab 3. Okt. nur 1 Zp 1 Zp Halle (Saale)
20. Aug. 1945	1 D-Zp- Halle (S) – Sangerhausen – Erfurt
26. Aug. 1945	1 D-Zp Dresden-Neustadt
11. Sept. 1945	4 Zp Mahlow – Wünsdorf
vom Görlitzer Bahnhof	
5. Juni 1945	2 Dienst-Zp Königs Wusterhausen, frei ab 8. Juni
9. Juli 1945	1 D-Zp Cottbus – Dresden jeden 2. Tag, ab Anfang Okt. 1945 entfallen
19. Aug. 1945	1 Zp Königs Wusterhausen – Cottbus, am 30. Aug. bis Berlin verlängert
10. Sept. 1945	4 Zp Grünau – Königs Wusterhausen 1 Zp Halbe, ab 25. Okt. entfallen 1 Zp Lübben, ab 25. Okt. entfallen
vom Lehrter Bahnhof	
12. Juni 1945	2 Zp Spandau West
15. Juni 1945	1 Gmp-Zp Neuruppin mit Anschluss in Neustadt (Dosse) nach Wittenberge
6. Juli 1945	1 Zp Wittenberge
12. Juli 1945	2 Zp Spandau West – Nauen
30. Juli 1945	1 Zp Schwerin, 1 Zp Hagenow Land
20. Okt. 1945	3 Zp Nauen, 3 Zp Wustermark
von der Stadtbahn Richtung Osten	
2. Sept. 1945	1 Zp Schlesischer Bf – Frankfurt (Oder)
10. Sept. 1945	7 Zp Mahlsdorf – Strausberg, Fredersdorf – Rüdersdorf
3. Okt. 1945	1 Zp Schlesischer Bf – Brest-Litowsk für Sowjetarmee
25. Nov. 1945	4 Zp Lichtenberg – Werneuchen
von der Stadtbahn Richtung Belzig	
Ende Mai 1945	2 Zp Wannsee – Beelitz Heilstätten, davon 1x Anschluss Belzig
9. Juli 1945	1 Zp Wannsee – Dessau-Roßlau
27. Aug. 1945	1 Zp Wannsee – Seddin
von der Stadtbahn Richtung Brandenburg	
1. Juni 1945	2 Zp Werder (Havel) – Biederitz 1 Zp Werder (Havel) – Brandenburg
11. Juni 1945	2 Zp Wildpark – Biederitz 1 Zp Wildpark – Brandenburg
12. Juni 1945	2 Zp Wannsee – Biederitz
16. Aug. 1945	3 Zp Wannsee – Werder (Havel)
26. Sept. 1945	2 Zp Charlottenburg – Biederitz, ab 18. Nov. nur 1 Zp Zoologischer Garten – Biederitz
25. Nov. 1945	1 Zp Wannsee – Magdeburg – Helmstedt – Frankfurt (Main) für US-Truppen
1. Dez. 1945	11 Zp Wannsee – Düppel
vom Stettiner Bahnhof	
31. Mai 1945	1 Dienst-Zp Gesundbrunnen – Buch
18. Juni 1945	3 Zp Hennigsdorf – Kremmen
13. Juli 1945	1 Zp Angermünde 1 Zp Neustrelitz, ab 10. Okt. bis Stralsund verlängert
10. Aug. 1945	2 Zp Bernau – Eberswalde
25. Aug. 1945	1 Zp Oranienburg – Gransee
11. Sept. 1945	1 Zp Pasewalk
Umgehungsbahn Oranienburg – Jüterbog	
16. Aug. 1945	1 Gmp-Zp Oranienburg – Nauen
20. Aug. 1945	3 Dienst-Zp Seddin – Beelitz Stadt, seit 19. Sept. freigegeben, seit 1. Nov. weitere 3 Zp
13. Sept. 1945	3 Zp Nauen – Wustermark
10. Okt. 1945	1 Zp Oranienburg – Kremmen 2 Zp Kremmen – Nauen 1 Zp Wildpark – Caputh-Geltow
25. Okt. 1945	2. Zp Oranienburg – Nauen

Erläuterungen:

Zp – Zugpaar

Gmp – Güterzug mit Personenbeförderung

Dienst-Zp – Dienstpersonenzugpaar

Reichsbahndirektion Berlin
IV U 10 Bfdp

Verzeichnis

der z. Zt. verkehrenden Züge

nach dem Stand vom 20. Juli 1945

2. Ausgabe

Preis 0,50 RM

Vorbemerkungen:

1. Für alle Fahrpläne gilt die russische (Moskauer) Zeit.
2. Die Nummern der Streckenfahrpläne entsprechen den Nummern des früheren Deutschen Kursbuches.
3. Kennzeichnung der Züge: D = Schnellzug | Vtz = Vorortzug; P = Personenzug | N = Nahgüterzug (mit beschränktem Personenverkehr); T = Triebwagen | Dstp = Dienstpersonalzug
4. Sonstige Zeichen:
   - | dünne Linie in der Mitte der Zugspalte = Zug fährt auf dem betreffenden Bahnhof durch.
   - ↓ dünne Linie mit Pfeil in der Mitte der Zugspalte = Zug fährt über eine andere Strecke.
   - + neben der Zeitangabe = nur Betriebsaufenthalt.
   - ● Zug verkehrt vorerst nicht.
   - S = Zug verkehrt nur an Sonn- und Feiertagen.
   - W = Zug verkehrt nur werktags.
   - nS = Zug verkehrt an Werktagen nach Sonn- und Feiertagen.
   - vS = Zug verkehrt an Werktagen vor Sonn- und Feiertagen.
   - So = Zug verkehrt nur sonntags.
   - Mo = Zug verkehrt nur montags. | Do = Zug verkehrt nur donnerstags.
   - Di = Zug verkehrt nur dienstags. | Fr = Zug verkehrt nur freitags.
   - Mi = Zug verkehrt nur mittwochs. | Sa = Zug verkehrt nur samstags (sonnabends)
   - RBD = Reichsbahndirektion.
   - BA = Reichsbahn-Betriebsamt.

   Weitere Zeichen oder Buchstaben weisen auf Anmerkungen hin.
5. Eine Gewähr für den Inhalt dieses Verzeichnisses wird nicht übernommen.
6. Änderungen der Fahrpläne bleiben vorbehalten.

Am 20. Juli 1945 gab die Reichsbahn ein weiteres Fahrplanheft heraus, das bereits gedruckt war. 24 Seiten dokumentierten das erweiterte Zugangebot, zum Teil in Nahgüterzügen. Viele Strecken waren wegen Brückensprengungen oder -schäden noch nicht durchgehend befahrbar, so dass die Reisenden umsteigen und zu Fuß auf Hilfsbrücken oder gar Stegen die Flussläufe überqueren mussten. Vereinzelt hielten die Züge auch an bisher nicht für den Personenverkehr zugelassenen Block- und Abschlussstellen, um die dringendsten Verkehrsbedürfnisse zu befriedigen. Details sind den Fahrplan-Tabellen zu entnehmen.

| *Dokument: Slg. Kuhlmann*

Inhaltsverzeichnis

100 Berlin-Charlottenburg—Berlin-Wannsee (elektr. Betrieb)

	2	4		6	8	Zug Nr	RBD Berlin	Zug Nr	1	3		5		7
	7.10	8.50		17.40	19.30	ab	Berlin-Charlottenburg	an	6.31	8.11		17.01		18.51
	7.12	8.52		17.42	19.32	an	Westkreuz	ab	6.29	8.09		16.59		18.49
	7.13	8.53		17.43	19.33	ab	Westkreuz	an	6.28	8.08		16.58		18.48
	7.17	8.57		17.47	19.37	↓	Berlin-Grunewald	↑	6.24	8.04		16.54		18.44
	7.28	9.08		17.58	19.48	↓	Nikolassee	↑	6.13	7.53		16.43		18.33
	7.32	9 12		18.02	19.52	an	Berlin-Wannsee..........	ab	6.09	7.49		16.39		18.29

101 Gesundbrunnen—Ostkreuz—Papestraße—Halensee (elektr. Betrieb)

RBD Berlin	Zug Nr			1		3					5		7
Berlin-Gesundbrunnen	ab			6.58		8.38					17.38		19.08
Schönhauser Allee	↓			7.02		8.42					17.42		19.12
Prenzlauer Allee..........				7.05		8.45					17.45		19.15
Berlin-Weißensee				7.08		8.48					17.48		19.18
Landsberger Allee				7.11		8.51					17.51		19.21
Berlin-Zentralviehhof				|		|					|		|
Berlin-Frankfurter Allee.....	↓			7.17		8.57					17.57		19.27
Ostkreuz Bstg F	an			7.20		9.00					18.00		19.30
RBD Berlin	**Zug Nr**	**1**		**2**	**3**		**4**		**5**		**6**	**7**	**8**
Ostkreuz Bstg F..........	ab	z. Zt. kein Zugverkehr											
Treptower Park §	an	z. Zt. kein Zugverkehr											
Treptower Park §	ab	von Grünau		7.48	von Grünau		9.08		von Grünau		18.28	von Grünau	19.38
Braunauer Straße §	↓			7.52			9.12				18.32		19.42
Berlin-Neukölln		7.15		7.56	9.05		9.16		17.45		18.30	19.35	19.46
Hermannstraße		7.18		7.57	9.08		9.17		17.48		18.37	19.38	19.47
Tempelhof	↓	an		8.02	an		9.22		an		18.42	an	19.52
Papestraße	an			8.05			9.25				18.46		19.55

RBD Berlin Zug Nr.		2	4	6	8	10	12	14	16	18	20	22	24
Papestraße	ab	6.56	7.46	8.36	9.36	10.16	11.56	13.36	15.16	17.26	18.06	19.06	20.06
Schöneberg	an	6 59	7.49	8.39	9.39	10.19	11.59	13.39	15.19	17.29	18.09	19.09	20 09
nach Großgörschenstr.	ab	—	8.07	—	10.07	—	—	—	—	17.57	18.57	—	20.37
nach Berlin-Wannsee .	ab	7.00	8.20 a	8.40	—	10.20	12 00	13.40	15.20	17 30	18.10 a	19.10	20.50 a
Schöneberg	ab	7.01	7.51	8.41	9.41	10.21	12,01	13.41	15.21	17.31	18.11	19.11	20.11
Innsbrucker Platz	↓	7.03	7.53	8.43	9.43	10.23	12.03	13.43	15.23	17.33	18.13	19.13	20.13
Berlin-Wilmersdorf ...		7.05	7.55	8.45	9.45	10.25	12.05	13.45	15.25	17.35	18.15	19.15	20.15
Schmargendorf		7.08	7.58	8.48	9.48	10.28	12.08	13.48	15.28	17.30	18.18	19.18	20.18
Hohenzollerndamm ..	↓	7.11	8 01	8.51	9.51	10.31	12.11	13.51	15.31	17.41	18.21	19.21	20.21
Berlin-Halensee	an	7.14	8.04	8.54	9.54	10.34	12.14	13.54	15.34	17.44	18.24	19.24	20.24

§ Solange der Bahnsteig B in Treptower Park noch als Verladerampe benutzt wird, verkehren die Züge erst ab Braunauer Straße.

a Anschlußzug nur bis Berlin-Zehlendorf.

4

102 Berlin Lehrter Bf—Spandau West

706	718	Zug Nr — RBD Berlin — Zug Nr	705	717
8.20	18.20	ab Berlin Lehrter Bf. … an	7.40	17.40
8.28	18.28	Putlitzstraße	7.34	17.34
8.37	18.37	Jungfernheide	7.25	17.25
8.44	18.44	Siemensstadt-Fürstenbrunn	7.18	17.18
8.54	18.54	Berlin-Spandau (Hbf)	7.08	17.08
9.00	19.00	an Spandau West … ab	7.00	17.00

101 Halensee—Papestraße—Ostkreuz—Gesundbrunnen

RBD Berlin Zug Nr.		1	3	5	7	9	11	13	15	17	19	21	23
Berlin-Halensee	ab	6.34	7.24	8.14	9.14	9.56	11.34	13.14	14.54	17.04	17.46	18.44	19.44
Hohenzollerndamm	↓	6.37	7.27	8.17	9.17	9.58	11.37	13.17	14.57	17.07	17.48	18.47	19.47
Schmargendorf		6.40	7.30	8.20	9.20	10.01	11.40	13.20	15.00	17.10	17.51	18.50	19.50
Berlin-Wilmersdorf		6.43	7.33	8.23	9.23	10.03	11.43	13.23	15.03	17.13	17.53	18.53	19.53
Innsbrucker Platz		6.46	7.35	8.25	9.25	10.05	11.45	13.25	15.05	17.15	17.55	18.55	19.55
Schöneberg	an	6.47	7.37	8.27	9.27	10.07	11.47	13.27	15.07	17.17	17.57	18.57	19.57
nach Großgörschenstr.	ab	6.47	8.07	8.27	—	10.07	11.47	13.27	15.07	17.17	17.57	18.57	20.37
nach Berlin-Wannsee	ab	7.00	8.20 a	8.40	—	10.20	12.00	13.40	15.20	17.30	18.10 a	19.10	20.50 a
Schöneberg	ab	6.49	7.39	8.29	9.29	10.09	11.49	13.29	15.09	17.19	17.59	18.59	19.59
Papestraße	an	6.52	7.42	8.32	9.32	10.12	11.52	13.32	15.12	17.22	18.02	19.02	20.02

RBD Berlin Zug Nr.			1	2	3	4				5	6		8
Papestraße	ab		7.23	—	8.43	—				17.53	—	19.13	—
Tempelhof	↓		7.26	—	8.46	—				17.56	—	19.16	—
Hermannstraße			7.31	8.03	8.51	9.23				18.01	18.43	19.21	19.53
Berlin-Neukölln			7.33	8.06	8.53	9.26				18.03	18.46	19.23	19.56
Braunauer Straße §			7.36	nach Grünau	8.56	nach Grünau				18.06	nach Grünau	19.26	nach Grünau
Treptower Park	an		7.40		9.00					18.10		19.30	
Treptower Park	ab	z. Zt. kein Zugverkehr											
Ostkreuz Bstg F	an	z. Zt. kein Zugverkehr											

RBD Berlin Zug Nr.			2		4					6		8	
Ostkreuz Bstg F	ab		8.10		9.30					18.40		20.00	
Berlin-Frankfurter Allee	↓		8.13		9.33					18.43		20.03	
Berlin-Zentralviehhof			|		|					|		|	
Landsberger Allee			8.19		9.39					18.49		20.09	
Berlin-Weißensee			8.22		9.42					18.52		20.12	
Prenzlauer Allee			8.25		9.45					18.55		20.15	
Schönhauser Allee			8.28		9.48					18.58		20.18	
Berlin-Gesundbrunnen	an		8.32		9.52					19.02		20.22	

a Anschlußzug nur bis Berlin-Zehlendorf.

§ Solange der Bahnsteig B in Treptower Park noch als Verladerampe benutzt wird, verkehren die Züge nur bis Braunauer Straße.

5

102a Oranienburg—Nauen

P 636	km	Zug Nr — RBD Berlin — Zug Nr	P 650
●			●
6.29	0.0	ab Oranienburg … an	18.40
6.44	7,2	Germendorf	18.28
|	—	Sommerswalde	|
7.00	17,8	an Kremmen ab	18.10
7.10		ab Kremmen an	18.00
7.26	23,9	Flatow (Kr Osthavelland)	17.48
7.37	28,6	Börnicke	17.37
7.45	31,9	Kienberg	17.28
7.56	38,2	an Nauen … ab	17.14

● verkehrt vorerst nicht

105 Berlin Großgörschenstr.—Berlin-Wannsee und zurück (elektr. Betrieb)

RBD Berlin Zug Nr		2	4	6	8	10	12	14	16	18	20	22	24
Berlin Großgörschenstraße	ab	6.37	6.57	8.17	8.37	10.17	11.57	13.37	15.17	17.27	18.07	19.07	20.47
Schöneberg	↓	6.40	7.00	8.20	8.40	10.20	12.00	13.40	15.20	17.30	18.10	19.10	20.50
Friedenau		6.43	7.03	8.23	8.43	10.23	12.03	13.43	15.23	17.33	18.13	19.13	20.53
Feuerbachstraße		6.46	7.06	8.26	8.46	10.26	12.06	13.46	15.26	17.36	18.16	19.16	20.56
Berlin-Steglitz		6.48	7.08	8.28	8.48	10.28	12.08	13.48	15.28	17.38	18.18	19.18	20.58
Botanischer Garten		6.52	7.12	8.32	8.52	10.32	12.12	13.52	15.32	17.42	18.22	19.22	21.02
Berlin-Lichterfelde West		6.55	7.15	8.36	8.55	10.35	12.15	13.55	15.35	17.45	18.26	19.25	21.06
Sundgauer Straße		6.59	7.19	8.39	8.59	10.39	12.19	13.59	15.39	17.49	18.29	19.29	21.09
Berlin-Zehlendorf		7.01	7.21	8.41	9.01	10.41	12.21	14.01	15.41	17.51	18.31	19.31	21.11
Zehlendorf West		an	7.26	an	9.06	10.46	12.26	14.06	15.46	17.56	an	19.36	an
Schlachtensee		—	7.30	—	9.10	10.50	12.30	14.10	15.50	18.00	—	19.40	—
Nikolassee	↓	—	7.34	—	9.14	10.54	12.34	14.14	15.54	18.04	—	19.44	—
Berlin-Wannsee	an	—	7.37	—	9.17	10.57	12.37	14.17	15.57	18.07	—	19.47	—

RBD Berlin Zug Nr		1	3	5	7	9	11	13	15	17	19	21	23
Berlin-Wannsee	ab	—	6.10	—	7.50	9.30	11.10	12.50	14.30	16.40	—	18.20	—
Nikolassee	↓	—	6.14	—	7.54	9.34	11.14	12.54	14.34	16.44	—	18.24	—
Schlachtensee		—	6.18	—	7.58	9.38	11.18	12.58	14.38	16.48	—	18.28	—
Zehlendorf West		—	6.21	—	8.01	9.41	11.21	13.01	14.41	16.51	—	18.31	—
Berlin-Zehlendorf		6.06	6.26	7.46	8.06	9.46	11.26	13.06	14.46	16.56	17.36	18.36	20.16
Sundgauer Straße		6.09	6.29	7.49	8.09	9.49	11.29	13.09	14.49	16.59	17.39	18.39	20.19
Berlin-Lichterfelde West		6.12	6.32	7.52	8.12	9.52	11.32	13.12	14.52	17.02	17.42	18.42	20.22
Botanischer Garten		6.15	6.35	7.55	8.15	9.55	11.35	13.15	14.55	17.05	17.46	18.45	20.26
Berlin-Steglitz		6.19	6.39	7.59	8.19	9.59	11.39	13.19	14.59	17.09	17.49	18.49	20.29
Feuerbachstraße		6.22	6.42	8.02	8.22	10.02	11.42	13.22	15.02	17.12	17.52	18.52	20.32
Friedenau		6.24	6.44	8.04	8.24	10.04	11.44	13.24	15.04	17.14	17.54	18.54	20.34
Schöneberg	↓	6.27	6.47	8.07	8.27	10.07	11.47	13.27	15.07	17.17	17.57	18.57	20.37
Berlin Großgörschenstraße	an	6.30	6.50	8.10	8.30	10.10	11.50	13.30	15.10	17.20	18.00	19.00	20.40

6

104c Hermannstraße—Berlin-Grünau (elektr. Betrieb) *)

RBD Berlin Zug Nr		2	4	6	8
Hermannstraße	ab	8.03	9.23	18.43	19.53
Berlin-Neukölln	↓	8.06	9.26	18.46	19.56
Köllnische Heide		8.10	9.30	18.50	20.00
Baumschulenweg		8.13	9.33	18.53	20.03
Berlin-Schöneweide Pbf	an	8.17	9.37	18.57	20.07
Berlin-Schöneweide Pbf	ab	8.17	9.37	18.57	20.07
Berlin-Schöneweide Betrbf	↓	8.20	9.40	19.00	20.10
Berlin-Adlershof		8.24	9.44	19.04	20.14
Berlin-Grünau	an	8.29	9.49	19.09	20.19

*) ab 26. Juli 1945 verstärkter Zugverkehr in Abständen von ungefähr 50 Minuten.

104f Mittenwalder Kleinbahnen

km	Motzenersee-Bahn		werktags								sonn- u. feiertags			
0,0	Neukölln Hermannstr	ab	6.40		10.20		14.20		18.00		8.00		19.30	
	Teltowkanal	↓	6.53		10.33		14.33		18.13		8.12		19.42	
4,3	Berlin-Britz		7.01		10.41		14.41		18.21		8.20		19.50	
6,5	Berlin-Buckow		7.09		10.49		14.49		18.29		8.28		19.58	
8,7	Berlin-Rudow-West		7.15		10.55		14.55		18.35		8.34		20.04	
9,8	Berlin-Rudow		7.21		11.01		15.01		18.41		8.40		20.10	
10,8	Berlin-Rudow-Süd		|		|		|		|		|			
13,1	Schönefeld (KrTeltow)		7.31		11.11		15.11		18.51		8.51		20.21	
16,8	Selchow (KrTeltow)		7.42		11.22		15.22		19.02		9.03		20.33	
19,3	Gr. Kienitz (KrTeltow)		7.49		11.29		15.29		19.09		9.10		20.40	
21,8	Brusendorf	↓	7.56		11.36		15.36		19.16		9.17		20.47	
27,0	Mittenwalde (Mark) Nord	an	8.10		11.50		15.50		19.30		9.31		21.01	
27,0	Mittenwalde (Mark) Nord	ab	8.14		11.54		15.54		19.34		9.40		21.10	
28,8	Mittenwalde (Mark) Ost	an	8.20		12.00		16.00		19.40		9.46		21.16	
28,8	Mittenwalde (Mark) Ost	ab	8.24		12.05		16.05		19.45		9.52		21.20	
33,5	Schenkendorf		8.33		12.14		16.14		19.54		10.01		21.29	
37,0	Königs Wusterhausen	an	8.42		12.23		16.23		20.03		10.10		21.38	
0,0	Königs Wusterhausen	ab	8.56		12.56		16.38							
8,2	Mittenwalde (Mark) Ost	an	9.16	↓	13.16	↓	16.56	↓		↓		↓		↓
8,2	Mittenwalde (Mark) Ost	ab	↳	9.25	↳	13.25	↳	17.05		19.50		9.57		21.27
10,5	Gallun Dorf	↓		9.31		13.31		17.11		19.56		10.03		21.33
11,6	Gallun Süd			9.34		13.34		17.14		19.59		10.06		21.36
12,9	Märchenwiese			|		|		|		|		|		|
13,8	Motzen Seebad			9.40		13.40		17.20		20.05		10.12		21.42
15,2	Motzen Mitte			9.45		13.45		17.25		20.10		10.17		21.47
16,6	Motzenmühle			9.49		13.49		17.29		20.14		10.21		21.51
17,7	Töpchin Kolonie			9.52		13.52		17.32		20.17		10.24		21.54
19,0	Töpchin	an		9.55		13.55		17.35		20.20		10.27		21.57

7

104c Berlin-Grünau—Hermannstraße (elektr. Betrieb) *)

RBD Berlin Zug Nr		1	3	5	7
Berlin-Grünau	ab	6.52	8.42	17.22	19.12
Berlin-Adlershof	↓	6.57	8.47	17.27	19.17
Berlin-Schöneweide Btrbf		7.01	8.51	17.31	19.21
Berlin-Schöneweide	an	7.04	8.54	17.34	19.24
Berlin-Schöneweide	ab	7.04	8.54	17.34	19.24
Baumschulenweg	↓	7.08	8.58	17.38	19.28
Köllnische Heide		7.11	9.01	17.41	19.31
Berlin-Neukölln		7.15	9.05	17.46	19.35
Hermannstraße	an	7.18	9.08	17.48	19.38

*) ab 26. Juli 1945 verstärkter Zugverkehr in Abständen von ungefähr 50 Minuten.

104f Mittenwalder Kleinbahnen

km	Motzenersee-Bahn	Zug Nr	21		23	25		27		29/8	71/52	73	75	54
			werktags								sonn- u. feiertags			
0,0	Töpchin	ab	5.00			11.20		15.20		19.00	9.10	10.50	16.10	
1,3	Töpchin Kolonie	↓	5.03			11.23		15.23		19.03	9.13	10.53	16.13	
2,4	Motzenmühle		5.06			11.26		15.26		19.06	9.16	10.56	16.16	
3,8	Motzen Mitte		5.10			11.30		15.30		19.10	9.20	11.00	16.20	
6,2	Motzen Seebad		5.16			11.35		15.36		19.15	9.25	11.05	16.25	
6,1	Märchenwiese		|			|		|		|	|	|	|	
7,4	Gallun Süd		5.21			11.41		15.41		19.21	9.31	11.11	16.31	
8,5	Gallun Dorf	↓	5.24			11.44		15.44		19.24	9.34	11.14	16.34	
10,8	Mittenwalde (Mark) Ost	an	5.30			11.50		15.50		19.30	9.40	11.20	16.40	↓
10,8	Mittenwalde (Mark) Ost	ab	5.44		8.24	12.06		16.05		19.46	9.52			21.20
19,0	Königs Wusterhausen	an	[illegible].02		8.42	12.23		16.23		20.03	10.10			21.38

km		Zug Nr		1	24/3		26/5		28.7			51		53
			werktags								sonn- u. feiertags			
0,0	Königs Wusterhausen	ab		5.18	8.58		12.58		16.38			11.10		16.30
3,5	Schenkendorf	↓		5.27	9.07		13.07		16.47			11.19		16.39
8,2	Mittenwalde (Mark) Ost	an		5.36	9.16		13.16		16.56			11.28		16.48
8,2	Mittenwalde (Mark) Ost	ab	↳	5.40	9.20	↳	13.20	↳	17.00		↳	11.40	↳	17.00
10,0	Mittenwalde (Mark) Nord	an		6.46	9.26		13.26		17.06			11.46		17.06
10,0	Mittenwalde (Mark) Nord	ab		6.50	9.30		13.30		17.10			11.50		17.10
16,2	Brusendorf	↓		6.04	9.44		13.44		17.24			12.04		17.25
17,7	Groß Kienitz (Kr. Teltow)			6.11	9.51		13.51		17.31			12.11		17.33
20,2	Selchow (Kr. Teltow)			6.18	9.58		13.58		17.38			12.18		17.41
23,8	Schönefeld (Kr. Teltow)			6.29	10.09		14.09		17.49			12.29		17.53
26,2	Berlin-Rudow Süd			|	|		|		|			|		|
27,2	Berlin-Rudow			6.40	10.20		14.20		18.00			12.39		18.04
28,3	Berlin-Rudow West			6.45	10.25		14.25		18.05			12.44		18.09
30,5	Berlin-Buckow			6.51	10.31		14.31		18.11			12.50		18.16
32,7	Berlin-Britz			7.02	10.42		14.42		18.22			12.58		18.25
	Teltowkanal	↓		7.10	10.50		14.50		18.30			13.06		18.33
37,0	Neukölln Hermannstr.	an		7.20	11.00		15.00		18.40			13.16		18.43

8

105c Berlin-Wilhelmsruh—Basdorf (Heidekrautbahn)

nur montags, mittwochs und sonnabends		km	Zug Nr Niederbarnimer Eisenbahn Zug Nr	nur montags, mittwochs und sonnabends	
8.45	17 45	0,0	ab Berlin-Wilhelmsruh . an	8 15	17.15
8.54	17.54	2,6	Berlin-Rosenthal ..	8.08	17.08
9.00	18.00	4,6	Berlin-Blankenfelde	8.02	17 02
9.06	18.06	6,9	Schildow	7.56	16 56
9.10	18.10	8,1	Schild-Mönchmühle	7.51	16.51
9.16	18.16	10,1	Mühlenbeck (b Blu).	7.46	16.46
9.23	18.23	13,2	Schönwalde (Kr Ndrbarn)	7.39	16.39
9 30	18.30	17,4	an Basdorf .... ab	7 30	16.30

102f · Velten (Mark)—Nauen (über Bötzow—Spandau Johannesstift) *

		km	Zug Nr Osthavelländ Eisenbahn Zug Nr		
7.40	—		ab Velten (Mark) Ostn Eis . an	—	17.20
8.28	—		an Spand Johannesstift ab	—	16 40
8.45	13.00		ab Spand Johannesstift an	12.26	16.26
10.15	14 30		an Nauen Stadtforst . . . ab	11.00	15 00

111m Wittenberge—Festung Dömitz

P 230	km	Zug Nr BA Wittenberge Zug Nr	P 221
20.30	0,0	ab Wittenberge ...... an	7.04
20.44	7,6	Cumlosen	6.51
20.55	13,8	Lanz	6 40
21.10	23,0	Lenzen (Elbe)	6.25
21.24	31,9	Polz	6.11
21.34	38,2	an Festung Dömitz . . . ab	6.00

* Nicht alle Haltebahnhöfe aufgeführt.

120 Wittenberge—Neustrelitz *

	km	Zug Nr BA Wittenberge Zug Nr	
7.35	0,0	ab Wittenberge ...... an	16.41
7.49	10,6	an Perleberg ab	16 24
8.11		ab Perleberg an	15.33
9.09	35,8	an Pritzwalk ab	14.43
9.20		ab Pritzwalk an	14.38
10.03	55,5	an Wittstock (Dosse) ab	13.55
10.18		ab Wittstock (Dosse) an	13.41
11.04	82,9	Mirow	12.56
11 45	104,6	an Neustrelitz Süd .... ab	12 15
17.40	104,6	ab Neustrelitz Hbf (121) an	8.21
19.01	139,2	an Neubrandenbg (121) ab	7.10

207h u. n Großwusterwitz und Güsen—Ziesar—Görzke *

P 32		P 34		km	Zug Nr Genthiner Eis.AG Zug Nr	P 31		P 33
11.00		20.10		0,0	ab Großwusterwitz Nord an	7.20		18.15
11.35		20.43		16,2	an Ziesar Hbf ...... ab	6.45		17.40
W	T 42	W	T 44	km	Zug Nr Genthiner Eis.AG Zug Nr		T 41	T 43
	11 50		21.05	0.0	ab Güsen Süd ..... an		9.15	17.50
	12.50		22.05	25,6	an Ziesar Hbf ..... ab		8 15	16 50
13.00	←	22.10	←	16,2	ab Ziesar Hbf ...... an	6.40		16.45
13 30		22.40		27,9	an Görzke .... ab	6.10		16.16

207m Genthin—Milow (Havel) *

P 12	P 14	km	Zug Nr Genthiner Eis.AG Zug Nr	P 11	P 13
10 00	21.00	0,0	ab Genthin Süd ...... an	7.20	13.10
11.00	22.00	20,7	an Milow (Havel) ..... ab	6 20	12.10

9

110 Berlin Lehrter Bf—Wittenberge—Zarrenthin

km	RBD Berlin Zug Nr		N 8356	F 204	N 5224	F 198
						●
0,0	Berlin Lehrt Bf	ab	2.06 HuL	7.06	10.44	14.30
	Putlitzstraße .		|	|	|	14 37
	Jungfernheide		2.18— 2.24	|	|	14.45
	Siemensst Fürstbr §		|	|		|
11,8	Bln-Spand Hbf	an	2.34	7.27		15.00
		ab	3.20	7.32	—	15.15
	Spandau West	an	|	|	11.15	15.19
		ab	|	|	11.30	15.20
	Albrechtshof ...		|	|	|	|
	Falkensee		3.39— 3.59	7.47	|	15.31
	Finkenkrug		|	|	|	|
	Brieselang		4.13— 4.33	|	|	15.56a
35,5	Nauen	an	4.47	8.17	12 05	16.11
		ab	5.18	8.22	12.20	16.26
42,3	Berger Damm ..		5.30— 5.57	8.34	|	|
49,1	Paulinenaue	an	6.09	8.46	12.42	16.58
		ab	6.29	8.48	12.57	16.58
57,3	Vietznitz (Kr Westh)		6.45— 7.10	9.02	|	|
61,8	Friesack (Mark).		7.18— 7.53	9.12	13.23—13.38	17.25
76,6	Neustadt (Dosse) Rb	an	8 13	9.37	14.05	17.50
		ab	8.48	9.57	15.05	18.05
83,7	Zernitz		9.02— 9.28	10.19	15.19—15.30	18.27
89,0	Stüdenitz		|	10.31	15.40—15.50	|
92,3	Breddin		9.42—10.17	10.42	15.57—16.10	18.48
102,0	Glöwen	an	10.34	11.17	16.27	19.13
		ab	10.54	11.19	16.40	19.14
113,0	Bad Wilsnack ..		11.10—11.42	11.41	16.55—17.07	19.36
120,2	Kuhblank		11.55—12.15	11.58	|	19.52
126,8	Wittenberge	an	12.27	12.18	17.28	20.07
		ab	—	12.45	—	—
135,9	Dergenthin		—	13.03	—	—
144,5	Karstädt		—	13.13	—	—
155,0	Klein Warnow ..		—	13.36	—	—
163,4	Grabow (Meckl) .	an	—	13 49	—	—
	Grenzkontrolle	ab	—	16 49	—	—
170,9	Ludwigslust	an	—	16.59	—	—
		ab	—	17.09	—	—
180,8	Jasnitz		—	17 31	—	—
184,9	Strohkirchen ...		—	17.38	—	—
192,0	Hagenow Land .	an	—	18.09	—	—
		ab	—	18.11	—	—
195,6	Hagenow. . (114a)		—	|	—	—
201 9	Bobzin . . . (114a)		—	18.25	—	—
207,5	Wittenburg Meckl (114a)		—	18.40	—	—
215,5	Bantin . . . (114a)		—	18.53	—	—
219,5	Zarrenthin Meckl (114a)	an	—	19.00	—	—

● verkehrt vorerst nicht. § Vorortzüge siehe Fahrplan Nr.102. a Brieselang an 15.46.

10

110 Zarrenthin—Wittenberge—Berlin Lehrter Bf

km	RBD Berlin Zug Nr		P 197	P 201	N 8356	N 5225	N 8355
			●				
0.0	Zarrenthin (Mckl.) (114a)	ab	—	6.00	—	—	—
4.0	Bantin. . . . . . (114a)		—	6.10	—	—	—
12.0	Wittenburg (Mckl.) (114a)		—	6.24	—	—	—
17.6	Bobzin . . . . . . (114a)		—	6.39	—	—	—
23.9	Hagenow . . . . (114a)		—	6.53	—	—	—
27.5	Hagener Land	an	—	7.02	—	—	—
		ab	—	7.25	—	—	—
34.6	Strohkirchen		—	7.36	—	—	—
38.7	Jasnitz		—	7.44	—	—	—
48.6	Ludwigslust	an	—	7.56	—	—	—
		ab	—	8.06	—	—	—
56.1	Grabow (Mark) Grenzkontr	an	—	8.18	—	—	—
		ab	—	11.18	—	—	—
64.5	Klein Warnow		—	11 35	—	—	—
75.0	Karstädt		—	11 55	—	—	—
83.6	Dergenthin		—	12.12	—	—	—
92.7	Wittenberge	an	●	12.28	—	—	—
		ab	8.00	13.00	18 59	20.36	—
99 3	Kuhblank		8.16	13.18	|	|	—
106.5	Bad Wilsnack		8.33	13.38	19.23—19.43	20.58—21.13	—
117.5	Glöwen	an	8.53	13.58	20.00	21.29	—
		ab	8.54	14.03	20.20	21.43	—
127.2	Breddin		9.20	14.30	20.32—21.12	21.55—22.10	—
130.5	Stüdenitz		|	14.42	|	22.16—22.26	—
135.8	Zernitz		9.42	15.00c	21.50—21.52	22.39—22.42	—
143 9	Neustadt (Dosse) Reichsb	an	10.32	15.20	22.08	22.56	—
		ab	10.17	15.40	22.35	23.56	—
157.7	Friesack (Mark) ...		10 44	16.05	22 55—23.30	0.16— 0.31	—
162.2	Vietznitz (Kr Westhavell.)		—	16 20	23.39— 0.05	|	—
170.4	Paulinenaue	an	11.09	16.25	0.18	0.50	—
		ab	11.11	16 30	0.52	1.05	—
177.2	Berger Damm		—	16.42	1.03 an	——→	ab 1.40
184.0	Nauen	an	11 41	16 55	—	1.26	1.52
		ab	11.49	17.00	—	1.41	2.27
	Brieselang		12.14a	17 07	—	|	2.41—3.04
	Finkenkrug		|	17.16	—	|	|
	Falkensee		12.30	17.26	—	|	9.15—3.42
	Albrechtshof		|	|	—	|	|
	Spandau West ...	an	12.40	17.35	—	2.17	
		ab	12.41	17.40	—	2.32	|
207.7	Berlin-Spandau (Hbf)	an	12 45	17.45	—	|	3.59
		ab	13.00	17.05	—		4.20
	Siemensst.-Fürstbr. §		|	|	—		
	Jungfernheide ... §		13.17	18.10	—		
	Putlitzstraße		13.24	18.20	—	|	|
219.5	Berlin Lehrter Bhf .	an	13.30	18.26	—	3.02	4.46 HuL

● verkehrt vorerst nicht § Vorortzüge siehe Fahrplan Nr 102 a Brieselang an 12.04
c Zernitz an 14.50

11

121 Berlin Stettiner Bf—Oranienburg—Neustrelitz—Neubrandenburg

P 205	Vtz 207	Vtz 213	Vtz 219	km	Zug Nr RBD Berlin Zug Nr	Vtz 206	Vtz 212	Vtz 218	P 208
8.20	8.30	13.20	18 00	0,0	ab Bln Stettiner Bf . an	8.00	12.50	17.30	17.53
|	8.36	13.26	18.06		Humboldhain ..	7 56	12.46	17.26	|
8.31	8.41	13.31	18.11	2,5	Bln-Gesundbrunn	7.51	12.41	17.21	17 45
|	8.46	13.36	18.16		Bornholmer Str .	7.46	12.36	17.16	
	8.52	13.42	18.22		Wollankstraße ..	7.40	12.30	17.10	
	8.57	13.47	18 27		Berlin-Schönholz	7.35	12.25	17.05	
	9.04	13.54	18.34		Bln-Wilhelmsruh	7.28	12.18	16 58	
	9.12	14.02	18.42		Wittenau Nordb ..	7.20	12.10	16.50	
	9.18	14.08	18.48		Waidmannslust .	7 14	12.04	16 44	
	9.29	14.19	18 59		Bln-Hermsdorf ..	7.08	11.58	16.38	
|	9.37	14.27	19.07		Berlin-Frohnau ..	6.55	11.45	16.25	
	9.48	14.38	19.18		Hohen Neuendorf	6.44	11.34	16.14	
9.22+	9.56	14.46	19.26		Birkenwerd (b Bln)	6.36	11.26	16.06	16.52+
|	10 05	14.55	19.35		Borgsdorf	6.27	11.17	15 57	|
|	10 14	15.04	19.44		Lehnitz	6.18	11.08	15.48	
9 35	10 18	15.08	19.48	29,3	an Oranienburg ab	6.12	11.02	15.42	16.28
9.40					ab Oranienburg an				16.23
9.43				31,3	Sachsenhaus(Nb)				16.18
9.47				33,3	Fichtengrund ...				16.13
9.52				36,6	Nassenheide (Nb)				16.07
10.02				42,6	Grüneberg (Nb) .				15 58
0.12				46,1	an Löwenberg (Mark) Rb ab				15.50
0.22					ab Löwenberg (Mark) Rb an				15.40
0.33				51,6	Gdten Germendf				15.30
0.37				53,6	Buberow				15.25
0.44				58,0	an Gransee .... ab				15.17
0.49	+ Nur Betriebsaufenthalt.				ab Gransee .... an				15.12
0.57				62,6	Altlüdersdorf ...				15.05
1.06				67,3	Dannenwalde (Mk)				14.57
1 23				74,7	Drögen				14.45
1.31				79,9	an Fürstenberg (Meckl) ab				14.29
1.35					ab Fürstenberg (Meckl) an				14.24
1.50				87,0	Düsterförde				14.13
2.06				97,1	Strelitz Alt.....				13.57
2 14				100,4	an Neustrelitz Hbf . ab				13.50
		P 218			Zug Nr Zug Nr	P 1112			
	→	17.40		100,4	ab Neustrelitz Hbf . an	8.21	←		
		17.57		108,3	Thurow (Meckl) .	8.08			
		18 05		111,6	Rödlin.........	7.57			
		18.10		114,6	an Blankensee (Meckl) Hbf ab	7.51			
		18.15			ab Blankensee (Meckl) Hbf an	7.46			
		18.25		118,9	Cammin (Meckl).	7.38			
		18.45		126,6	Burg Stargard (M)	7.21			
		19.01		135,0	an Neubrandenburg ab	7.10			

12

121m Berlin Stettiner Bf—Tegel—Velten—Kremmen und zurück

km	RBD Berlin Zug Nr		P W551	Vtz 2053	P W557	Vtz 2097	Vtz 2165	Vtz 2289	P W571	Vtz 2326
0,0	Berlin Stettiner Bf	ab		6.30		8.20	12.00	16.20		17.50
	Humboldthain			6.34		8 24	12.04	16.24		17.54
2,3	Berlin-Gesundbrunnen			6.37		8.27	12.07	16.27		17.57
	Bornholmer Straße			6.40		8.30	12.10	16.30		18.00
	Wollankstraße			6.43		8.33	12.13	16.33		18.03
	Berlin-Schönholz			6.46		8.36	12.16	16.36		18.06
	Berlin-Reinickendorf			6.51		8.41	12.21	16.41		18.11
	Wittenau Krem. Bahn			6.54		8.44	12.24	16.44		18.14
	Eichbornstraße			6.57		8.47	12.27	16.47		18 17
	Berlin-Tegel	an		7.01		8.51	12.31	16.51		18.21
	Berlin-Tegel	ab	z. Zt. kein Zugverkehr							
	Schulzendorf (b. Tegel)		z. Zt. kein Zugverkehr							
	Heiligensee		z. Zt. kein Zugverkehr							
	Hennigsdorf (Kreis Osthavelland)	an	nur W		nur W				nur W	
	Hennigsdorf (Kreis Osthavelland)	ab	—		8.08				17.08	
	Hohenschöpping		—		8.16				17.16	
27,2	Velten (Mark)	an	—		8.21				17.21	
	Velten (Mark)	ab	6 23		8.23				17.23	
32,8	Vehlefanz		6.36		8.36				17.36	
34,9	Schwante		6.42		8.42				17.42	
39,1	Kremmen	an	6.51		8.51				17.51	

km	RBD Berlin Zug Nr		Vtz 2088	P W556	Vtz 2132	Vtz 2244	P W570	Vtz 2328	P W574	Vtz 2360
				nur W			nur W		nur W	
0,0	Kremmen	ab		7.04			16.04		18.04	
4,2	Schwante			7.15			16.15		18.15	
6,3	Vehlefanz			7.21			16.21		18.21	
11,9	Velten (Mark)	an		7.32			16 32		18.32	
	Velten (Mark)	ab		7.34			16 34			
	Hohenschöpping			7.41			16.41			
	Hennigsdorf (Kreis Osthavelland)	an		7.48			16.48			
	Hennigsdorf (Kreis Osthavelland)	ab	z. Zt. kein Zugverkehr							
	Heiligensee		z. Zt. kein Zugverkehr							
	Schulzendorf (b. Tegel)		z. Zt. kein Zugverkehr							
	Berlin-Tegel	an								
	Berlin-Tegel	ab	7.14		9.04	13.44		17.14		18.34
	Eichbornstraße		7.19		9.09	13.49		17.19		18.39
	Wittenau Krem. Bahn		7.22		9.12	13.52		17.22		18.42
	Berlin-Reinickendorf		7.26		9.16	13.56		17.26		18 46
	Berlin-Schönholz		7.30		9.20	14.00		17.30		18 50
	Wollankstraße		7.33		9.23	14.03		17.33		18 53
	Bornholmer Straße		7.36		9.26	14.06		17.36		18.56
36,8	Berlin-Gesundbrunnen		7 39		9.29	14.09		17.39		18.59
	Humboldthain		7.42		9.32	14.12		17.42		19 02
39,1	Berlin Stettiner Bf	an	7.45		9.35	14.15		17.45		19.05

13

123 Berlin Stettiner Bf—Bernau (b. Berlin)—Angermünde

km	RBD Berlin Zug Nr		Vtz 3011	P 595	Vtz 3051	Vtz 3091
0,0	Berlin Stettiner Bf	an	5.30	9.00	11.40	18.10
	Humboldthain		5.36	|	11.46	18.16
2,5	Bln-Gesundbrunnen		5.41	9.10	11.51	18.21
	Bornholmer Straße		5.46	|	11.56	18.26
	Pankow-Schönhausen		5.52	|	12.02	18.32
	Berlin-Pankow Vbf		|	9.30▲	|	|
	Pankow-Heinersdorf		5.58	|	12.08	18.38
	Berlin-Blankenburg		6.04	|	12.14	18.44
	Berlin-Karow		6.12	|	12.22	18.52
	Berlin-Buch		6.20	9.52	12.30	19.00
	Röntgental		6.26	|	12.36	19.06
	Zepernick (Kr. Nbarnim)		6.32	|	12.42	19.12
22,8	Bernau b. Berlin	an	6.40	10.06	12.50	19.20
	Bernau b. Berlin	ab	—	10.10	—	—
28,4	Rüdnitz (Kr. Oberbarnim)		—	10.20	—	—
33,3	Biesental		—	10.29	—	—
35,9	Melchow		—	10 34	—	—
45,5	Eberswalde Hbf	ab	—	10.50	—	—
	Eberswalde Hbf	an	—	11.00	—	—
50,3	Britz (Kr. Angermünde)		—	11.13	—	—
55,0	Chorin Kloster		—	11.26	—	—
57,8	Chorin		—	11.34	—	—
66,4	Herzsprung		—	11.53	—	—
71,0	Angermünde	an	—	12.03	—	—

▲ Bln-Pankow Vbf an 9.21

128 Ostkreuz—Bln-Mahlsdorf—Strausberg (Ostkreuz—Bln-Mahlsdorf elektr. Betrieb)

2	4	6	8		RBD Berlin		1	3	5	7
—	8.10	—	18.40	ab	Ostkreuz Bhtg D	an	7.19	—	17.59	—
—	8.12	—	18.42		Neu Lichtenberg		7.17	—	17.57	—
—	8.15	—	18.45	an	Berlin-Lichtenberg	ab	7.14	—	17.54	—
6.35	8.15	17.15	18.45	ab	Berlin-Lichtenberg	an	7.14	8.54	17.54	19.24
6.39	8.19	17.19	18.49		Friedrichsfelde Ost		7.10	8.50	17.50	19.20
6.43	8.23	17.23	18.53		Biesdorf		7.06	8.46	17.46	19.16
6.47	8.27	17.27	18.57		Kaulsdorf		7.02	8.42	17.42	19.12
6.50	8 30	17.30	19.00	an	Berlin-Mahlsdorf	ab	6.59	8.39	17.39	19.09

		RBD Berlin		
z. Zt. kein Zugverkehr	ab	Berlin-Mahlsdorf	an	z. Zt. kein Zugverkehr
		Hoppegarten (Mark)		
		Neuenhagen b. Berlin		
	an	Fredersdorf b. Berlin	ab	
	ab	Fredersdorf b. Berlin	an	
		Giebelsee		
	an	Strausberg	ab	

14

123 Angermünde—Bernau (b. Berlin)—Berlin Stettiner Bf

km	RBD Berlin Zug Nr.		Vtz 3010	Vtz 3050	P 592	Vtz 3090
0,0	Angermünde	ab	—	—	13.47	—
4,6	Herzsprung		—	—	13.59	—
13,2	Chorin		—	—	14.18	—
16,0	Chorin Kloster		—	—	14.27	
20,7	Britz (Kr. Angermünde)		—	—	14.39	—
25,5	Eberswalde Hbf	an	—	—	14.50	—
	Eberswalde Hbf	ab	—	—	15.00	—
35,1	Melchow		—	—	15.18	—
37,7	Biesenthal		—	—	15.23	—
42,6	Rüdnitz (Kr Oberbarn)		—	—	15.32	—
48,2	Bernau b. Berlin	an	—	—	15 40	—
	Bernau b. Berlin	ab	7.00	13.20	15.44	19.40
	Zepernick (Kr Niederbarn)		7.10	13.30	|	19.50
	Röntgental		7.16	13.36	|	19.56
	Berlin-Buch		7.22	13.42	16.00	20.02
	Berlin-Karow		7.30	13.50	|	20.10
	Berlin-Blankenburg		7.38	13.58	|	20.18
	Pankow-Heinersdorf		7.44	14.04	|	20.24
	Berlin-Pankow Vbf		|	|	16.30▲	|
	Pankow-Schönhausen		7.50	14.10	|	20.30
	Bornholmer Straße		7.56	14.16	|	20.36
68,5	Berlin-Gesundbrunnen		8.01	14.21	16.42	20.41
	Humboldthain		8.06	14.26	|	20.46
71,0	Berlin Stettiner Bf	an	8.10	14.30	16.50	20 50

▲ Bln-Pankow Vbf an 16.20

163d Jüterbog—Falkenberg (Elster)

	P 282		P 286	km	Zug Nr.		Zug Nr.	P 281		P 287
16.30 / 19.07		11.00 / 13.31			ab Lankwitz / an Jüterbog	180	an / ab		9.42 / 7.10	20 4[illegible] / 18.00
	5.00		15.30		ab	Jüterbog	an	7.00		17.31
	5 12		15.42			Oehna		6.48		17 21
	5.21		15.51			Zellendorf		6.36		17.11
	5 29		15.59			Linda (Elster)		6 26		16.57
	5 41		16 11			Holzdorf (Elster)		6.12		16 44
	5.51		16.21		an	Elsterbrücke	ab	6.00		16.31
z. Zt. kein Zugverkehr					ab	Elsterbrücke	an	z. Zt. kein Zugverkehr		
						Herzberg (Elster) Rb				
					an	Falkenberg (Elster)	ab			

207k u. 208d Genthin—Schönhausen (Elbe)—Sandau (Elbe)

(Nicht alle Haltebahnhöfe aufgeführt)

P 3	P 5	P 7	km	Zug Nr Genthiner Eis. AG Zug Nr			P 2	P 6
nur W	nur W	nur W					nur W	nur W
11.50	—	21.00	0,0	ab	Genthin A	an	7.30	19 00
12.20	—	21.30	12,7	an	Jerichow	ab	7.00	18 30
12.30	15.30	—		ab	Jerichow	an	6.55	18.25
12.55	15.55	—	24,3	an	Schönhausen (Elbe) Nord	ab	6 30	18 00

P 22	P 24	km	Zug Nr Genthiner Eis. AG Zug Nr			P 21	P 23
nur W	nur W					nur W	nur W
13.15	19.00	0,0	ab	Schönhausen (Elbe) Nord	an	6.10	17.40
14 05	19.50	24,0	an	Sandau (Elbe)	ab	5.20	16 50

15

163 Berlin Yorckstraße—Zossen—Elsterwerda (—Dresden)

km	RBD Berlin Zug Nr		Vtz 02	Vtz 04	Vtz 06	Vtz 08		D 54
			●	●	●	●		*
0.0	Berlin Yorckstraße	ab	8.06	8.38	17.18	17.48	ab Görl. Bf	22.30
	Papestraße		8.12	8.42	17.22	17.52		
	Priesterweg		8.16	—	17.26	—		
	Mariendorf	an	8.20	—	17.30	—		

km	RBD Berlin Zug Nr		Vtz 2	Vtz 4	N 8256	D 54
			●	●		über Cottbus—Ruhland siehe 177 und 177d
	Mariendorf	ab	8.30	17.40	—	
	Marienfelde	an	8.39	17 49	—	
	Marienfelde	ab	9.04	18.14	20.20	
	Lichtenrade		9.12	18.22	|	
	Mahlow		9.17	18.27	20.34—21.05	
	Dahlewitz		9.23	18.33	21.13—21.21	
	Rangsdorf		9.29	18.39	21.28—21.58	
	Dabendorf		9.34	18.44	22.09—22.14	
32.9	Zossen	an	9.43	18.53	22.19	
	Zossen	ab	—	—	23.10	
39.2	Wünsdorf (Kr Teltow)		—	—	23.21—23.45	
42.2	Neuhof (Kr Teltow)		—	—	23.51—0.11	
51.5	Baruth (Brandenburg)	an	—	—	0.28	
	Baruth (Brandenburg)	ab	—	—	0.58	
56.1	Klasdorf		—	—	1.08—1.28	
61.9	Golßen (Niederlausitz)	an	—	—	1.37	
	Golßen (Niederlausitz)	ab	—	—	2.07	
68.7	Drahnsdorf		—	—	2.18—2.48	
76.1	Uckro Reichsb	an	—	—	3.01	
	Uckro Reichsb	ab	—	—	4.00	
81.2	Gehren (Kr. Luckau)		—	—	|	
85 6	Walddrehna		—	—	4.23—4.43	
93.7	Brenitz-Sonnewalde		—	—	4.55—5.17	
103.0	Doberlug-Kirchhain	an	—	—	5.30	
	Doberlug-Kirchhain	ab	—	—	6.10	
108.9	Rückersdrf-Oppelhain		—	—	§ 6.20—6 50	
116.6	Hohenleipisch		—	—	§ 7.18—8.00	
122.8	Elsterwerda	an	—	—	8.12	
175 9	Dresden Neustadt	an	—	—	—	7.50

● verkehrt vorerst nicht.
§ hält BK Gorden 6.57—7.10.
* D 54 verkehrt ab Berlin Görlitzer Bf nur an geraden Tagen, an Dresden Neustadt nur an ungeraden Tagen.

207q u. r Burg (b. Magdeburg)—Ziesar (Nicht alle Haltebahnhöfe aufgeführt)

P 2	P 4	km	km	Zug Nr Kleinb. Jerichow I Zug Nr			P 1	P 3
*	**						*	**
11.30	11.30	0,0	0.0	ab	Burg (b Magdebg) Kleinbf	an	6.35	9.13
12.58	↓	22,5	↓	↓	Wüstenjerichow	ab	7.10	↑
↓	13.35	↓	33,2	ab	Altengrabow	ab	↑	7.15
13.27	14.05	28,2	38,7	ab	Magdeburgerforth.	↑	6 50	6.55
13 50	14 28	35,3	45,8	an	Ziesar West	ab	6.25	6.25

* über Wüstenjerichow nur Mo, Mi und Fr ** über Altengrabow nur Di, Do und Sa

16

163 (Dresden—) Elsterwerda—Zossen—Berlin Yorckstraße

km	RBD Berlin Zug Nr		Vtz 1	Vtz 3	N 8255	D 53
			●	●		•
0,0	Dresden Neustadt	ab	—	—	—	20 35
57,0	Elsterwerda	ab	—	—	16.48	
63,2	Hohenleipisch		—	—	17.00—17 40	
70,9	Rückersdrf-Oppelhain		—	—	17.55—18 29	
76,8	Doberlug-Kirchhain	an	—	—	18.40	
		ab	—	—	19.20	
86,1	Brenitz-Sonnewalde		—	—	19 33—20.02	
94,2	Walddrehna		—	—	20.15—20.35	
98,6	Gehren (Kr Luckau)		—	—	|	
103,7	Uckro Reichsb	an	—	—	20.52	
		ab	—	—	21.32	
111,1	Drahnsdorf		—	—	21.44—22.24	
117,9	Golßen (Niederlausitz)	an	—	—	22.34	
		ab	—	—	23.04	
123,7	Klasdorf		—	—	23.15—23.35	
128,3	Baruth (Brandenburg)	an	—	—	23.44	
		ab	—	—	0.34	
137,6	Neuhof (Kr Teltow)		—	—	0.51—1.21	
140,6	Wünsdorf (Kr Teltow)		—	—	1.30—2.10	
146,9	Zossen	an	—	—	2.22	
		ab	7.25	16.35	2.59	
	Dabendorf		7.34	16.44	3.04—3.10	
	Rangsdorf		7.39	16.49	3.20—4 05	
	Dahlewitz		7.46	16 55	4.12—4.20	
	Mahlow		7.51	17.01	4.28—5.01	
	Lichtenrade		7.56	17.06	|	
	Marienfelde	an	8.04	17.14	5 15	
		ab	8 04	17.14	—	
	Mariendorf	an	8 10	17.20		

über Ruhland — Cottbus siehe 177d und 177

km	RBD Berlin Zug Nr		Vtz 01	Vtz 04	Vtz 05	Vtz 07		D 53
			●	●	●	●		
	Mariendorf	ab	—	↳ 8.23	—	↳ 17.33		
	Priesterweg		—	8.27	—	17.37		
	Papestraße		8.01	8 31	17.11	17.41		
179,8	Berlin Yorckstraße	an	8.06	8.35	17.15	17.45	an Görl. Bf	6 40

● verkehrt vorerst nicht.
§ hält nach Bedarf BK Gorden um 17.48.
• D 53 verkehrt ab Dresden-Neustadt nur an ungeraden Tagen, an Berlin Görlitzer Bf nur an geraden Tagen.

163d Jüterbog—Falkenberg (Elster)

siehe Seite 15

17

177 Berlin Görlitzer Bf—Cottbus (—Ruhland—Dresden)

km	RBD Berlin Zug Nr		N 8391	Vtz 3305	767	Vtz 3315	Vtz 3317	F 773	D 54
					●			●	•
0,0	Berlin Görlitzer Bf	ab	5.52	7.20	—	15 30	17.30	—	22.30
	Baumschulenweg		|	7.32	—	15 42	17.42	—	|
7,1	Bln-Schöneweide Pbf	an		7 37	—	15.47	17.47	—	22.46
		ab		7.37	—	15.47	17.47	—	22.56
	Bln-Schöneweide Vbf	an	6.10	7.41	—	15.51	17.51	—	23.00
		ab	6.46	7.51	—	16.01	18.01	—	23.15
	Berlin-Adlershof		|	7.56	—	16.06	18.06	—	|
	Berlin-Grünau	an	7.00	8.04	—	16.14	18.14	—	
		ab	7.37	8.04	—	16.14	18.14	—	
	Eichwalde (Kr Telt)		7.46—7.57	8.18	—	16.28	18.28	—	
	Zeuthen		8.00—8.10	8.25	—	16 35	18.35	—	
	Wildau		|	8.33	—	16.43	18.43	—	
27,7	Königs Wusterhaus	an	8.22	8.39	—	16.49	18.49	—	23.53
		ab	9.05	↳	9.43	—	↳	20.43	0.08
31,2	Zeesen		9.15—9.46	—	9.51	—	—	20.51	|
33,8	Bestensee		|	—	9.58	—	—	20 58	
43,8	Teupitz-Groß Köris	an	10.00	—	10 13	—	—	21.13	
		ab	10.40	—	10.15	—	—	21.15	
50,4	Halbe	an	10.50	—	10.25	—	—	21 25	0.44
		ab	11.15	—	10.30	—	—	21.30	0.54
54,7	Oderin		|	—	10.37	—	—	21.37	|
59,7	Brand (Niederl)	an	11.30	—	10.45	—	—	21.45	
		ab	11.40	—	10.47	—	—	21.47	
65,6	Schönwalde (Spreew)		|	—	10.56	—	—	21.56	
70,0	Lubolz		11.56-12.06	—	11.02	—	—	22.02	
74,6	Lübben Reichsb	an	12.12	—	11 08	—	—	22.08	1.21
		ab	13.10	—	11.13	—	—	22.13	1 26
80,6	Ragow		|	—	11.20	—	—	22 20	|
85,6	Lübbenau	an	13.25	—	11.28	—	—	22.28	1 46
		ab	13.50	—	11.33	—	—	22 33	1.50
92,7	Raddusch		|	—	11.43	—	—	22.43	
97,6	Vetschau	an	14 08	—	11.50	—	—	22.50	
		ab	14.30	—	11.53	—	—	22.53	
05,0	Kunersdorf (b Cottb)		|	—	12.03	—	—	23 03	
09,6	Kolkwitz		|	—	12.09	—	—	23 09	
14,7	Cottbus	an	14.56	—	12 19	—	—	23 19	2.30
	Cottbus (177 d)	ab	—		—	—	—	—	3.20
	Ruhland (177 d)	an	—		—	—	—	—	3.45
	Großenhain (Cottb Bf) (177 d)	an	—		—	—	—	—	6.24
	Coswig (Bez Dresden) (177 d)	an	—		—	—	—	—	7.14
	Dresden Neustadt (177 d)	an	—		—	—	—	—	7.50

● Verkehrt vorerst nicht.
• D 54 verkehrt ab Berlin Görlitzer Bf nur an geraden Tagen, an Dresden Neustadt nur an ungeraden Tagen.

18

177 (Dresden–Ruhland—) Cottbus—Berlin Görlitzer Bf

km	RBD Berlin Zug Nr		Vtz 3304	F 760	Vtz 3306	F 790	Vtz 3316	N 8392	D 53
	Dresden Neustadt (177d)	ab	—	—	—	—	—	—	20.35
	Coswig (Bez Dresden) (177d)	ab	—	—	—	—	—	—	21.22
	Großenhain Cotth Bf (177d)	ab	—	—	—	—	—	—	22.22
	Ruhland (177d)	ab	—	—	—	—	—	—	0.09
	Cottbus (177d)	ab	—	—	—	—	—	—	1 29
				●		●			•
0,0	Cottbus	ab	—	5.18	—	14.18	—	17.40	2.30
6,1	Kolkwitz		—	5 28	—	14.28	—	|	|
9,7	Kunersdorf		—	5.34	—	14.34	—	|	
17,3	Vetschau	an	—	5 44	—	14.44	—	18.07	
		ab	—	5.47	—	14 47	—	18.27	
22,0	Raddusch		—	5.54	—	14.54	—	|	
29,1	Lübbenau	an	—	6.04	—	15.04	—	18.45	3.14
		ab	—	6.09	—	15.09	—	19.30	3.19
34,1	Ragow		—	6.17	—	15.17	—	|	
40,1	Lübben Reichsb	an	—	6.24	—	15.24	—	19.51	3.36
		ab	—	6.29	—	15.29	—	21.08	3.41
44,8	Lubolz		—	6.37	—	15.37	—	21.17—21.27	|
49,2	Schönwalde Spreew		—	6.41	—	15.41	—	|	
55,0	Brand (Niederlaus)	an	—	6.50	—	15.50	—	21.45	
		ab	—	6.52	—	15.52	—	22.36	
60,1	Oderin		—	7.00	—	16.00	—	|	
64,3	Halbe	an	—	7.07	—	16.07	—	22.53	4.23
		ab	—	7.12	—	16.12	—	23.38	4.28
70,9	Teupitz-Groß Köris	an	—	7.22	—	16.22	—	23.50	|
		ab	—	7.24	—	16.24	—	0.10	
81,0	Bestensee		—	7.41	—	16.41	—	0.30—1.00	
83,5	Zeesen		—	7.48	—	16.48	—	|	
87,1	Königs Wusterhaus	an	—	7.54	—	16.54	—	1.14	5.04
		ab	7.00	↳	9.10	↳	19.00	2.00	5.19
	Wildau		7.07	—	9.17	—	19.07	|	|
	Zeuthen		7.15	—	9.25	—	19.15	2.12—2.49	
	Eichwalde (Kr Teltow)		7.22	—	9.32	—	19 22	2.56—3.24	
	Berlin-Grünau	an	7.36	—	9.46	—	19.36	3.35	
		ab	7.36	—	9.46	—	19 36	4.00	
	Berlin-Adlershof		7.44	—	9.54	—	19.44	|	
	Bln Schönew. (Vbf)	an	7.48	—	9.58	—	19.48	4.15	5.55
		ab	7.49	—	9.59	—	19 49	4.35	6.10
107,7	BlnSchöneweide Pbf	an	7.54	—	10.04	—	19.54	|	6.14
		ab	7.54	—	10.04	—	19.54		6.24
	Baumschulenweg		7.59	—	10.09	—	20.09		|
114,7	Berlin Görlitzer Bf	an	8.10	—	10.20	—	20.10	4.55	6 40

● verkehrt vorerst nicht.
• D 53 verkehrt ab Dresden Neustadt nur an ungeraden Tagen, an Berlin Görlitzer Bf nur an geraden Tagen.

19

177 d (Berlin Görlitzer Bahnhof) —Cottbus—Ruhland—Dresden

D 54	km		Zug Nr	Zug Nr	D 53
*					**
22 30	0,0	ab	Bln Görl Bf (177)	an	6.40
2.30	114,7	an	Cottbus (177)	ab	2 30
3.20	0,0	ab	Cottbus	an	1.29
|	34,1	an	Senftenberg (Ndrl)	ab	|
|		ab		an	|
4 45	46,6	an	Ruhland	ab	0 09
6 15		ab		an	23.30
6 24	79,6	an	Großenhain Cottb Bf	ab	22 22
6.26		ab		an	22.12
6 36	84,6	an	Priestewitz	ab	22.02
6 38		ab		an	22.00
7.14	101,8	an	Coswig (Bez Dresd)	ab	21.22
7.16		ab		an	21 19
7.31	109,3	an	Radebeul Ost	ab	21.00
7 35		ab		an	20 50
7 50	115,8	an	Dresden Neustadt	ab	20 35

* D 54 verkehrt ab Berlin nur an geraden Tagen, ab Cottbus und an Dresden nur an ungeraden Tagen.
** D 53 verkehrt ab Dresden Neustadt nur an ungeraden Tagen. ab Cottbus und an Berlin Görlitzer Bf nur an geraden Tagen.

178 a u. b Pratau—Pretzsch—Torgau (Nicht alle Haltebahnhöfe aufgeführt)

	N 8746		km		Zug Nr	Zug Nr		N 8743	
—	a 14.28	—	0,0	ab	Pratau	an	—	c 9,56	—
		—	18,6	an	Pretzsch	ab	—		—
—	*	—		ab		an	—	*	—
—		—	29,7	an	Dommitzsch	ab	—		—
6 30		18 00		ab		an	6.26		17.26
6 56	17 10	18.26	41,9	an	Torgau	an	6.00	7.30	17 00

* Fahrzeiten für die Zwischenbahnhöfe lagen bei Drucklegung noch nicht vor.
a von Bergwitz ab 13.48. c nach Bergwitz an 10.25.

178 m Wittenberg (Prov Sachs)—Falkenberg (Elster)

P W 101	P S 103	P S 115	km		Zug Nr	Zug Nr	P W 102	P S 104	P S 106
nur W	nur S	nur S					nur W	nur S	nur S
10.05	12 40	16 10	0,0	ab	Wittenberg (Pr Sa)	an	8.03	17.26	20.56
10.13	12.48	16 18		↓	Abzw. Wendel	↑	7 57	17.20	20 50
10.23	12.58	16.28	6,8		Mühlanger		7.47	17.10	20 40
10 37	13.12	16 42	12,9		Elster (Elbe)		7.33	16.56	20.26
10 57	13 32	17.02	22,8	ab	Jessen (Elster)	ab	7.11	16.34	20.04
11 02	13 37	17 07		an		an	7.06	16.29	19 59
11 20	13.57	17.25	31,7	ab	Annaburg (Kr Torgau)	ab	6 48	16 11	19 41
11.25	14 02	17.30	45,3	an		an	6.43	16.06	19 36
11.52	14.29	17.57		ab	Fermerswalde	ab	6 16	15 39	19.09
11.54	14 31	17.59	53,9	an		an	6.14	15.24	18 54
12 08	14 45	18.13		an	Falkenbg (Elster) ⊠	ab	6.00	15.10	18.40

⊠ Züge verkehren z. Zt. nur bis bzw. ab Falkenberg-Elsterbrücke. Dort befindet sich kein Bahnsteig. Reisende mit schwerem Gepäck müssen also aus Richtung Wittenberg kommend bereits in Fermerswalde aussteigen, Reisende in Richtung Wittenberg können erst in Fermerswalde zusteigen.

20

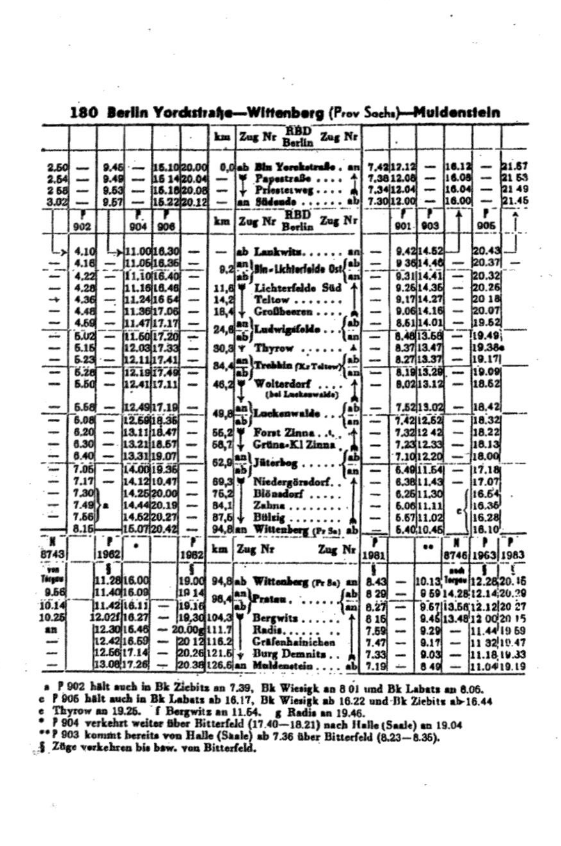

180 Berlin Yorckstraße—Wittenberg (Prov Sachs)—Muldenstein

a F 902 hält auch in Bk Ziebitz an 7.39, Bk Wiesigk an 8.01 und Bk Labats an 8.06.
c F 906 hält auch in Bk Labats ab 16.17, Bk Wiesigk ab 16.22 und Bk Ziebitz ab 16.44
e Thyrow an 19.25. f Bergwitz an 11.64. g Radis an 19.46.
* F 904 verkehrt weiter über Bitterfeld (17.40—18.21) nach Halle (Saale) an 19.04
** F 903 kommt bereits von Halle (Saale) ab 7.36 über Bitterfeld (8.23—8.35).
§ Züge verkehren bis bzw. von Bitterfeld.

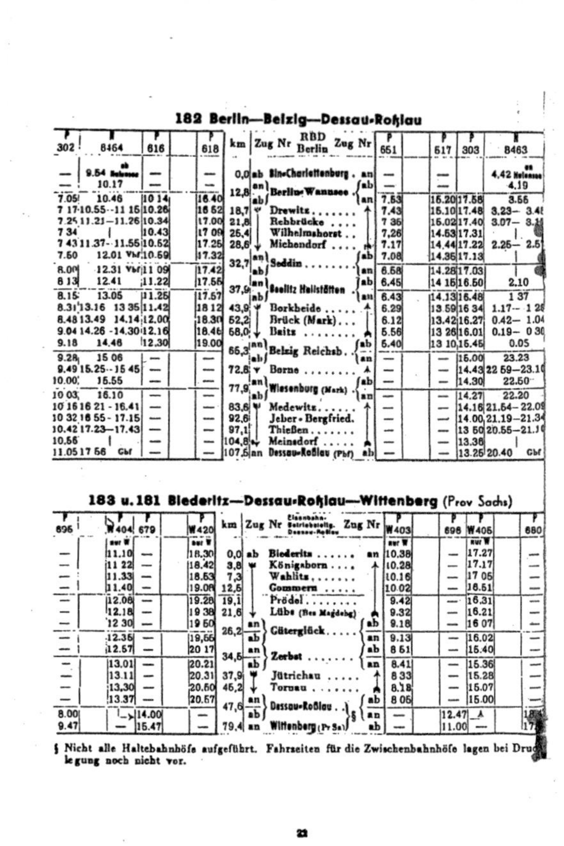

182 Berlin—Belzig—Dessau-Roßlau

183 u. 181 Biederitz—Dessau-Roßlau—Wittenberg (Prov Sachs)

§ Nicht alle Haltebahnhöfe aufgeführt. Fahrzeiten für die Zwischenbahnhöfe lagen bei Drucklegung noch nicht vor.

21

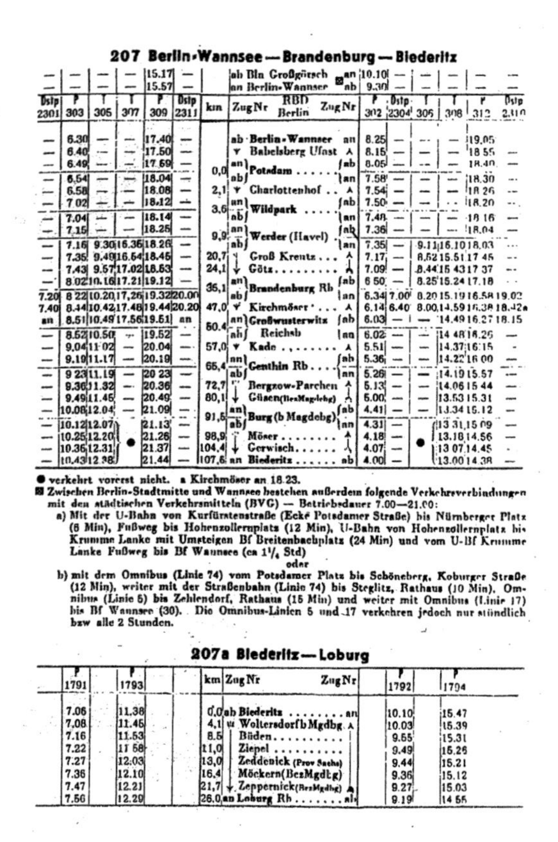

207 Berlin-Wannsee—Brandenburg—Biederitz

● verkehrt vorerst nicht. a Kirchmöser an 18.23.
Zwischen Berlin-Stadtmitte und Wannsee bestehen außerdem folgende Verkehrsverbindungen mit den städtischen Verkehrsmitteln (BVG) — Betriebsdauer 7.00—21.00:
a) Mit der U-Bahn von Kurfürstenstraße (Ecke Potsdamer Straße) bis Nürnberger Platz (6 Min), Fußweg bis Hohenzollernplatz (12 Min), U-Bahn von Hohenzollernplatz bis Krumme Lanke mit Umsteigen Bf Breitenbachplatz (24 Min) und vom U-Bf Krumme Lanke Fußweg bis Bf Wannsee (ca 1½ Std)
oder
b) mit dem Omnibus (Linie 74) vom Potsdamer Platz bis Schöneberg, Koburger Straße (12 Min), weiter mit der Straßenbahn (Linie 74) bis Steglitz, Rathaus (10 Min). Omnibus (Linie 5) bis Zehlendorf, Rathaus (15 Min) und weiter mit Omnibus (Linie 17) bis Bf Wannsee (30). Die Omnibus-Linien 5 und 17 verkehren jedoch nur stündlich bzw alle 2 Stunden.

207a Biederitz—Loburg

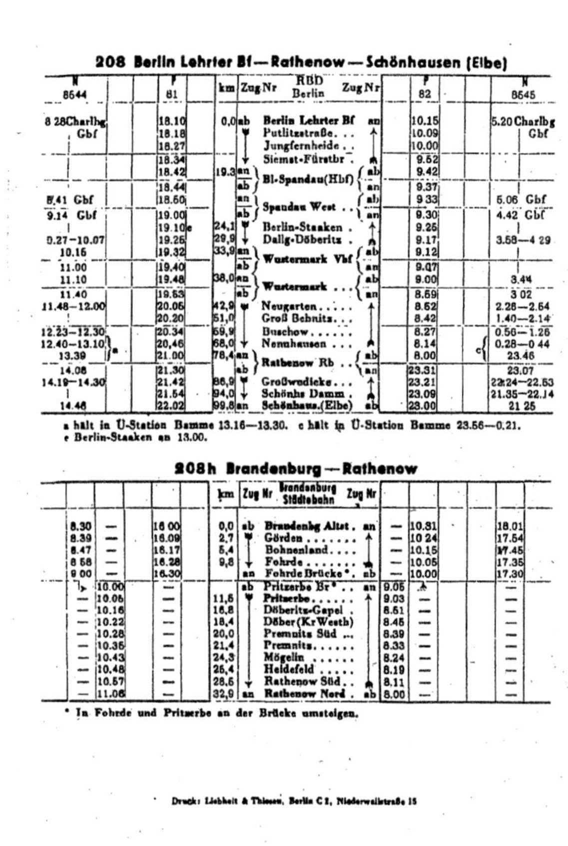

208 Berlin Lehrter Bf—Rathenow—Schönhausen (Elbe)

a hält in U-Station Bamme 13.16—13.30. c hält in U-Station Bamme 23.56—0.21. e Berlin-Staaken an 13.00.

208h Brandenburg—Rathenow

* In Fohrde und Pritzerbe an der Brücke umsteigen.

Druck: Liebheit & Thiesen, Berlin C 2, Niederwallstraße 15

Täglich in Berlin verkehrende Schnell- und Personenzüge

Am 28. Februar 1946 verkehrte erstmals seit Kriegsende wieder ein Schnellzugpaar D 25/26 von Stralsund über Pasewalk zum Stettiner Bahnhof und zurück; für die 240 km lange Strecke mit sieben Verkehrshalten benötigte er knapp sieben Stunden.

Am 20. September 1946 ist auf Forderung der SMAD der im künftigen West-Berlin befindliche Görlitzer Bahnhof für den Fernverkehr geschlossen worden, nur Vorortzüge fuhren hier noch. Die Fernzüge leitete man über eine neue Verbindungskurve im heutigen Grünauer Kreuz zur Stadtbahn [3.04].

Für den eingestellten elektrischen S-Bahn-Verkehr nach Erkner richtete die Rbd Berlin ab 20. Mai 1946 (Fahrplanwechsel) einen dampfbetriebenen Vorortverkehr im Zwei-Stunden-Takt ein. Ab November 1946 fuhren zwischen dem Schlesischen Bahnhof und Fürstenwalde (Spree) täglich acht Triebwagenzüge und zurück [3.02].

100g Berlin Schlesischer Bf–Ostkreuz–Erkner–Fürstenwalde (Spree) Alle Züge 3. Kl…

RBD Berlin	Zug Nr	4603	4615	4621		4625		4633		4637		4645		4651	4651		4655		4659		4663		4667
Berlin Schlesischer Bf 100 d. 101	ab	...	6.18	7.38	...	8.28	...	10.28	...	11.38	...	13.48	...	a15.03	b15.58	...	16.58	...	18.58	...	20.58	...	21.58
Ostkreuz 100. 100 a, d	an	...	6.23	7.43	...	8.33	...	10.33	...	11.43	...	13.53	...	15.08	16.03	...	17.03	...	19.03	...	21.03	...	22.03
	ab	...	6.26	7.46	...	8.36	...	10.36	...	11.46	...	13.56	...	15.11	16.06	...	17.06	...	19.06	...	21.06	...	22.06
Bln-Köpenick		...	6.47	8.07	...	8.57	...	10.57	...	12.07	...	14.17	...	15.34	16.29	...	17.29	...	19 29	...	21.29	...	22.29
Bln-Friedrichshagen		...	6.53	8.13	...	9.03	...	11.03	...	12.13	...	14.23	...	15.40	16.35	...	17.35	...	19.35	...	21.35	...	22.35
Rahnsdorf		...	7.01	8.21	...	9.11	...	11.11	...	12.21	...	14.31	...	15.48	16.43	...	17.43	...	19.43	...	21.43	...	22.43
Wilhelmshagen		...	7.08	8.28	...	9.18	...	11.18	...	12.28	...	14.38	...	15.55	16.50	...	17.50	...	19.50	...	21.50	...	22.50
Erkner	an	...	7.12	8.32	...	9.22	...	11.22	...	12.32	...	14.42	...	15.59	16.54	...	17.54	...	19.54	...	21.54	...	22.54
	ab	4.54	7.22	...	...	9.32	...	11.32	...	12.42	...	14.52	...	16.14	17.04	...	18.04	...	...	...	22.04		
Fangschleuse		5.05	7.33	...	...	9.43	...	11.43	...	12.53	...	15.03	...	16.25	17.15	...	18.15	...	...	...	22.15		
Hangelsberg		5.17	7.45	...	...	9.55	...	11.55	...	13.05	...	15.15	...	16.37	17.27	...	18.27	...	...	...	22.27		
Fürstenwalde (Spree) 145	an	5.29	7.57	...	...	10.07	...	12.07	...	13.17	...	15.27	...	a16.49	b17.39	...	18.39	...	...	...	22.39		

a Sa und S.
b Mo bis Fr.

Gegenrichtung **100g Fürstenwalde (Spree)–Erkner–Ostkreuz–Berlin Schlesischer Bf** Alle Züge 3. Klasse

RBD Berlin	Zug Nr		4604		4608		4614		4618		4626		4630		4638		4640		4644		4656		4660
Fürstenwalde (Spree) 145	ab	...	5.18	...	5.58	...	...	...	9.18	...	11.18	...	12.38	...	14.38	...	16.38	...	18.48	...	...	...	20.38
Hangelsberg		...	5.32	...	6.12	...	...	...	9.32	...	11.32	...	12.52	...	14.52	...	16 52	...	19.02	...	...	...	20.52
Fangschleuse		...	5.43	...	6.23	...	...	...	9.43	...	11.43	...	13.03	...	15.03	...	17.03	...	19.13	...	...	...	21.03
Erkner	an	...	5.52	...	6.32	...	...	...	9.52	...	11.52	...	13.12	...	15,12	...	17,12	...	19.22	...	...	...	21.12
	ab	...	6 02	...	6.42	...	9.04	...	10.02	...	12.02	...	13.22	...	15.22	...	17.22	...	19.32	...	20.22	...	21.22
Wilhelmshagen		...	6.08	...	6 48	...	9.10	...	10.08	...	12.08	...	13.28	...	15.28	...	17.28	...	19.38	...	20.28	...	21.28
Rahnsdorf		...	6.15	...	6.55	...	9.17	...	10.15	...	12.15	...	13.35	...	15.35	...	17.35	...	19.45	...	20.35	...	21.35
Bln-Friedrichshagen		...	6.23	...	7.03	...	9.25	...	10.23	...	12.23	...	13.43	...	15.43	...	17.43	...	19.53	...	20.43	...	21.43
Bln-Köpenick		...	6.33	...	7.13	...	9.35	...	10.33	...	12.36	...	13.53	...	15.53	...	17.53	...	20.03	...	20.53	...	21.53
Ostkreuz 100. 100 a, d	an	...	6.48	...	7.28	...	9.49	...	10.47	...	12.50	...	14.07	...	16.07	...	18.07	...	20.17	...	21.07	...	22.07
	ab	...	6.50	...	7.30	...	9.52	...	10.50	...	12.53	...	14.10	...	16.10	...	18.10	...	20.20	...	21.10	...	22.10
Berlin Schlesischer Bf 100 d. 101	an	...	6.58	...	7.38	...	9.59	...	10.57	...	13.00	...	14.17	...	16.17	...	18.17	...	20.27	...	21.15	...	22.17

Ab 4. November 1946 gültiger Fahrplan des dampfbetriebenen Vorortverkehrs zwischen dem Schlesischen Bahnhof (heute Ostbahnhof) und Fürstenwalde (Spree) als Ersatz für die demontierte elektrische S-Bahn. | *Dokument: Slg. Kuhlmann*

Tabelle 3 b: Täglich in Berlin verkehrende Schnell- und Personen-] züge, Stand 10. Oktober 1945 [4.12]

Zug-Nr.	Fahrtweg
vom Anhalter Bahnhof	
D 8/7	Anhalter Bahnhof – Erfurt
D 60/59	Anhalter Bahnhof – Dresden
P 902/901	Anhalter Bahnhof – Wittenberg
P 906/905	Anhalter Bahnhof - Wittenberg
vom Görlitzer Bahnhof	
P 769/768	Görlitzer Bahnhof – Cottbus
P 791/760	Görlitzer Bahnhof – Halbe
vom Lehrter Bahnhof	
P 204/201	Lehrter Bahnhof – Hagenow Land
P 232/233	Lehrter Bahnhof – Stendal
von der Stadtbahn Richtung Osten	
P 202/201	Schlesischer Bahnhof – Frankfurt (Oder) Pbf
von der Stadtbahn Richtung Belzig	
P 634/533	Wannsee – Güterglück
P 618/561	Wannsee – Belzig
von der Stadtbahn Richtung Brandenburg	
P 312/301	Charlottenburg – Biederitz
vom Stettiner Bahnhof	
P 327/322	Stettiner Bahnhof – Pasewalk
P 205/208	Stettiner Bahnhof – Neustrelitz

Bis Jahresmitte 1946 waren die Zugfahrten im Bezirk auf monatlich 6000 angestiegen, gegenüber Jahresanfang ein Zuwachs auf 175 Prozent! Trotzdem blieb das Angebot hinter dem merklich gestiegenen Flüchtlings- und Geschäftsverkehr sowie den sogenannten Hamsterfahrten (für Tauschgeschäfte) hoffnungslos zurück.

Zum 4. November 1946 gab die DR das erste Kursbuch für die sowjetisch besetzte Zone heraus, in dem viele Verbesserungen enthalten waren; teilweise verkehrten auf einzelnen Strecken täglich bis zu 13 Zugpaare. Trotzdem trugen viele Tabellen den Vermerk »Kein Zugverkehr« oder »Zugverkehr eingestellt«, weil die Bahnanlagen noch nicht wieder befahrbar waren oder die neue Ostgrenze Strecken teilte [3.04].

Güterzüge mit Personenbeförderung

Der planmäßige Güterverkehr ruhte im Mai 1945 noch weitgehend, doch fuhren einige Güterzüge für die sowjetische Besatzungsmacht. Mitte Juni wurde neben dem Güterzug mit Personenbeförderung nach Neuruppin der erste Milchzug (Mi 5224/5225) für Berlin gefahren, der anfangs wegen fehlenden betriebsfähigen Lokomotiven recht unregelmäßig verkehrte.

Der allgemeine Güterverkehr nahm nach und nach eine positive Entwicklung. Weitere Nahgüterzüge folgten, die z.T. auch Personen beförderten. Wie die Produktion notwendiger Versorgungsgüter im hauptstädtischen Umland und in der gesamten sowjetischen Zone begann und sich steigerte, stellte das die Eisenbahn vor steigende Transportanforderungen. Die ihrer zweiten Gleise beraubten Strecken und die noch nicht voll betriebsfähigen Bahnhöfen konnten die steigende Zahl von Zügen kaum aufnehmen.

Hauptsächlich wurden in dieser schweren Zeit Versorgungsgüter aller Art, wie Brenn- und Heizmaterial, Lebensmittel und übrige Erzeugnisse für die Bevölkerung empfangen. Ein Schwerpunkt war der Güterbahnhof Weißensee (heute Greifswalder Straße), zu dem neben Eisenbahnern aller Dienstzweige auch Ladekräfte von städtischen Behörden beordert wurden, um alle eintreffenden Wagenladungen und Stückgüter unverzüglich an die bedürftige Bevölkerung oder zur Weiterleitung verteilen zu können.

Selbst Güterwagen mussten in der Nachkriegszeit für die Personenbeförderung genutzt werden.
| *Foto: Walter Hollnagel, Archiv Eisenbahnstiftung*

A

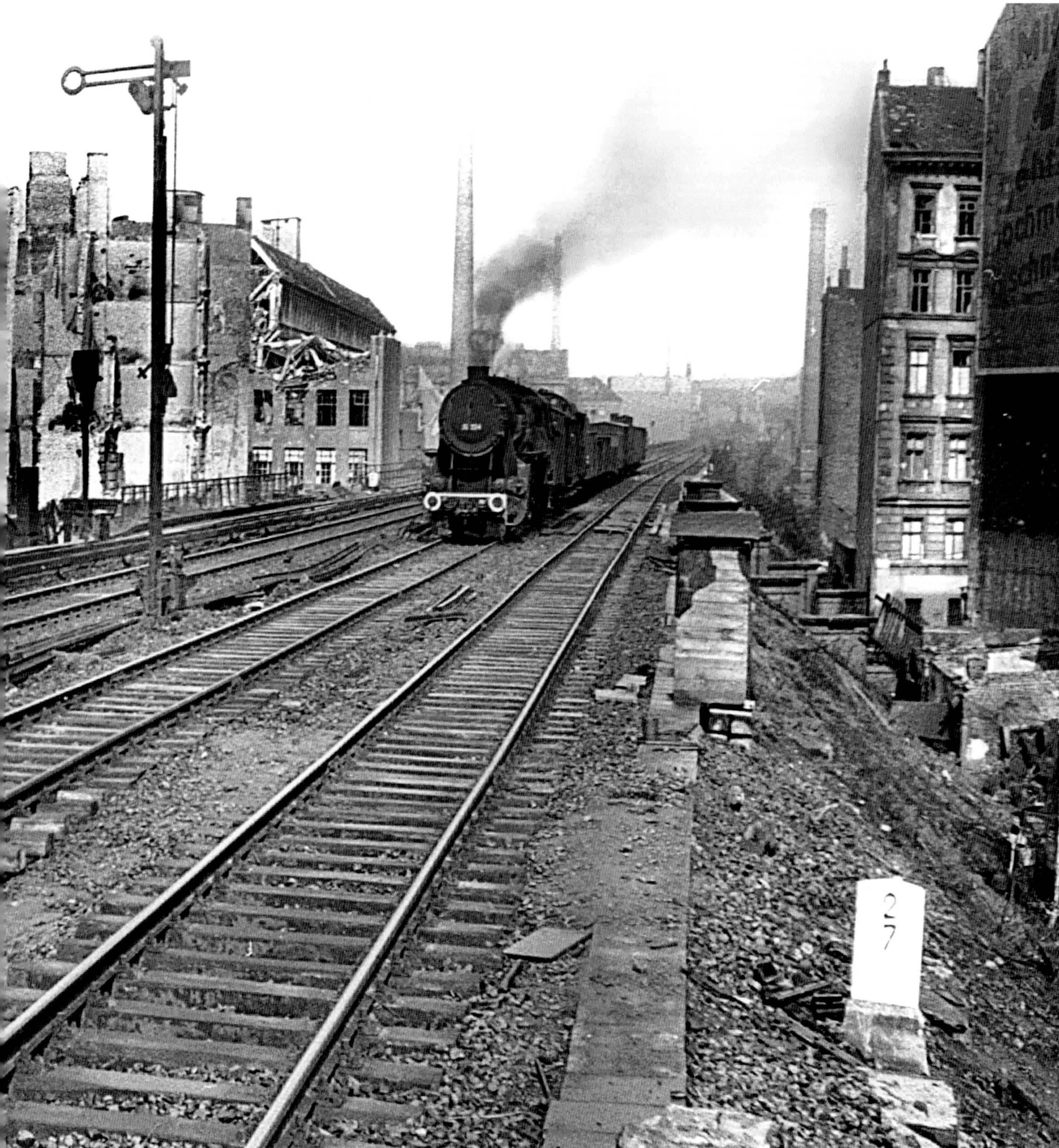

Weil der Güterverkehr zur Versorgung der Menschen Vorrang hatte, nahm dieser Zugverkehr zu Lasten der Reisezüge zu, hier auf der Ringbahn bei Wedding. Vor dem Signal wartet 52 224 mit einem kurzen Güterzug (März 1945). | *Foto: Walter Hollnagel, Archiv Eisenbahnstiftung*

Die steigende Zahl von Güterzügen forderte in einigen Fällen, Strecken von Reisezügen zu entlasten. Z.B. begannen und endeten Fernzüge nach Magdeburg, Oebisfelde, Wittenberge, Halle (Saale), Eisenach, Chemnitz und Görlitz vornehmlich in Zoologischer Garten und Charlottenburg auf der Stadtbahn.

Der strenge Winter 1946/47 hemmte witterungsbedingt nicht nur den Betrieb, sondern es mangelte wegen eingeschränkter Transportmöglichkeiten auch an Kohle für die Lokomotiven. Deshalb wurden ungefähr 120 Reisezüge ausgelegt, trotzdem kam es zu außerordentlich hohen Verspätungen im gesamten Verkehrswesen, nicht nur bei der Bahn [3.02].

Nach dem ab 9. Mai 1948 gültigen Sommerfahrplan fuhr eine ganze Reihe von altbekannten und dringend benötigten Reisezügen immer noch nicht, die entweder als Bedarfszüge oder gar nicht in den Fahrplan eingearbeitet waren. Trotzdem gab es bessere Angebote: Ein bisher als Beschleunigter Personenzug (BP) verkehrendes Zugpaar von Berlin Stadtbahn nach Leipzig Hbf wandelte man in einen Eilzug um, außerdem entfielen die eingeschränkten Verkehrstage für den D 13/14 Berlin – Pasewalk – Stralsund – Sassnitz. Für den Fernberufs- bzw. Behördenverkehr sowie für Geschäftsreisen setzte man an einzelnen Tagen der Woche einen Triebwagen von Berlin aus ein: montags und donnerstags nach Stralsund, dienstags und freitags nach Schwerin Hbf und mittwochs nach Stendal – Magdeburg Hbf.

Das Personenzugpaar P 302/303 fuhr nun bis/ab Dessau statt in Belzig zu enden/beginnen. Zwischen Anhalter Bahnhof und Halle (Saale) verkehrte jetzt das Zugpaar P 901/902 und zwischen Lehrter Bahnhof und Oebisfelde P 220/227. Für P 894/907 (Anhalter Bahnhof – Wittenberg) entfielen die Verkehrsbeschränkungen. Ebenso konnten die Verbindungen zwischen Berlin und Schwerin sowie Magdeburg verdichtet werden. Verlängert wurde der Zuglauf P 202/203 von Berlin über Frankfurt (Oder) hinaus bis Guben – Forst (Lausitz). Sicherlich im Interesse der Roten Armee musste der Personenzug von Berlin nach Bernau weiter über Eberswalde – Bad Freienwalde – Wriezen bis Werbig verlängert werden, denn an dieser Strecke befanden sich deren größere Militärstandorte [3.02].

1934 begann die Reichsbahn wegen der bevorstehenden Olympischen Spiele 1936 in Berlin mit dem Umbau des Bahnhofs Zoologischer Garten. 1940 stellte man die Stahlbauhalle fertig, aber erst spät nach dem Zweiten Weltkrieg konnte die Halle verglast werden. Zu dieser Zeit fuhr hier noch die Straßenbahn. | *Foto: Slg. Sigurd Hilkenbach*

PAICOS
Cigaretten
begehrt
Persil

Triebwagen des am 26. Juli 1948 aufgenommenen Vorortverkehrs über den Güteraußenring nach Lichtenrade am Behelfsbahnsteig in Berlin-Grünau.
| *Foto: Slg. Sigurd Hilkenbach*

Vorortverkehr aufgenommen

Auf den Vorortstrecken Berlin– Küstrin-Kietz, Fürstenwalde (Spree) – Frankfurt (Oder), Königs Wusterhausen – Halbe, Königs Wusterhausen – Scharmützelsee, Potsdam – Brandenburg (Havel), Strausberg – Müncheberg und Velten – Kremmen konnten jetzt wieder die früheren Leistungen angeboten werden. Auf dem Güteraußenring (GAR) richtete die DR am 15. Juni 1948 zwischen Berlin-Kaulsdorf und Berlin-Grünau sowie zwischen Berlin-Grünau und Lichtenrade einen Vorortverkehr mit Triebwagen ein. Doch weil diese nicht ausreichend vorhanden waren, begann erst am 26. Juli 1948 der Betrieb zwischen Berlin-Grünau und Lichtenrade (im Westsektor!), obwohl schon am 23. Juni 1948 die sowjetische Blockade der Westsektoren eingesetzt hatte. Nach Kaulsdorf fuhr dagegen bald eine Dampflokomotive mit einem Personenwagen, allerdings längstens bis März 1949 [2.05].

Der **Bahnpostdienst** lief bereits zur Jahresmitte 1946 wieder an. Hauptsächlich waren es Suchmeldungen von Vermissten und getrennten Familien, Flüchtlingen und Umsiedlern sowie Kriegsgefangenen der Besatzungsmächte und Internierten in Arbeitslagern, um menschliche Nachkriegsschicksale zu klären. Zwischen Berlin und Hannover ist in dieser Zeit der erste Bahnpost-Interzonenverkehr aufgenommen worden. Am 20. Juli 1946 begannen die Postwagenläufe zwischen Berlin und Dresden, Magdeburg, Neubrandenburg und Wismar.

1949 gab es das noch, dass Züge den zerstörten Stettiner Bahnhof anfuhren, hier kommen Junge Pioniere der DDR aus dem Ferienlager zurück.
| *Foto: Bundesarchiv/Rudolph, Bild 183-S87419 (26. Aug.1949)*

Quellen:

[3.01] Matznick; Heinz: Überblick über die Entwicklung des Reichsbahndirektionsbezirkes Berlin 1945 bis 1955; hrsg. von der Kommission für Betriebsgeschichte der Rbd Berlin, 1987

[3.02] Krause, Siegfried/Kuhlmann, Bernd/Naumann, Horst/Prestin, Holger: Eisenbahndirektion Berlin 1838 – 1993; VBN-Verlag Bernd Neddermeyer, Berlin 2020, Seite 72 – 74

[3.03] Wikipedia: Moskauer Zeit in Deutschland, abgerufen am 26. Mai 2022

[3.04] -: Vom Knüppeldamm zum Hauptbahnhof – Daten und Fakten zur Verkehrsgeschichte der Stadt Berlin; hrsg. vom Zentralen Forschungsinstitut des Verkehrswesens der DDR (ZFIV), Berlin 1987

[3.05] Kuhlmann, Bernd: Der Vorortverkehr auf dem Berliner Güteraußenring; in: Verkehrsgeschichtliche Blätter [Berlin], 11 (1984), Heft 4, Seite 87 – 91

Sie fährt seit 21. Juli 1946 wieder durchgehend auf der Stadtbahn, die S-Bahn bei der Einfahrt in den damaligen Schlesischen Bahnhof. Im Vordergrund links unten das Empfangsgebäude des damaligen Wriezener Bahnhofs, das heute nicht mehr existiert.
| *Foto: Slg. L. Demps*

4. Der schwere Anfang der S-Bahn

Die S-Bahn fährt wieder über die Stadtbahn, auch wenn die Halle des Bahnhofs Alexanderplatz noch wiederhergestellt wird.
| *Foto: Privatfoto, Archiv Eisenbahnstiftung*

Auf der Stadtbahn wiesen die Bereiche des Schlesischen Bahnhofs (heute Ostbahnhof) und Berlin Friedrichstraße erhebliche Schäden an Gleisen, Brücken und Bahnsteighallen auf. Entlang der Ringbahn waren zahlreiche Brücken gesprengt, ebenso die der Görlitzer, Dresdener, Anhalter und Potsdamer Bahn, so dass der Zugverkehr in das Umland unterbrochen war. Alle Empfangsgebäude der großen Bahnhöfe waren erheblich beschädigt. Vom S-Bahn-Netz waren rund 119 km (22 Prozent) nicht nutzbar, Stromversorgung und Signale ausgefallen. Die S-Bahnhöfe Berlin-Charlottenburg, Bellevue, Lehrter Stadtbahnhof, Gesundbrunnen, Berlin-Halensee, Heerstraße, Pichelsberg, Beusselstraße, Lankwitz, Südende und Feuerbachstraße waren ausgebrannt bzw. zerstört [4.01]. 1118 beschädigten Fahrzeugen der S-Bahn standen nur 534 einsatzfähige Wagen gegenüber.

Trotzdem fuhr am 6. Juni 1945 der erste elektrische S-Bahn-Zug von Wannsee nach Schöneberg, drei Tage später von Spandau Hbf (heute Stresow) nach Westkreuz, jeweils ein Zug vormittags und nachmittags. Auf der Treptower Spreebrücke waren von den ehemals sechs Gleisen erst am 21. November 1945 zwei wieder befahrbar. Seit 16. Februar 1946 war die S-Bahn-Strecke Wannsee – Potsdam wieder nutzbar, allerdings bis 6. Juli 1946 mit Umsteigen an der zerstörten Brücke über den Teltowkanal in Kohlhasenbrück. Die Stadtbahn war zwar seit 15. November 1945 mit dem letzten Lückenschluss zwischen Alexanderplatz und Schlesischer Bahnhof (heute Ostbahnhof) wieder durchgehend befahrbar, doch musste wegen zunehmender Brückenschäden an eben diesem Abschnitt die am 28. Januar 1946 eingerichtete 20-Minuten-Zugfolge zwischen Ostkreuz und Friedrichstraße eingestellt werden, bis ab 21. Juli 1946 wieder durchgehender Betrieb auf der Stadtbahn möglich war. Seit 8. Februar 1946 bestand auf der Ringbahn durchgehender Betrieb, allerdings mit Umsteigen in Treptower Park, das am 18. Mai 1946 entfiel. Weil der Nord-S-Bahn-Tunnel noch geflutet war, wurden provisorisch am 19. Juli 1945 der Stettiner Fernbahnhof und am 6. August 1945 der Potsdamer Ringbahnhof an das elektrische Netz angeschlossen [4.02].

Fahrpläne nach de[n] Entwürfen der R.B.D. der zur Zeit verkehrenden Züg[e] von und nach Berlin mit Plänen der **Straßenbahn**

U-Bahn

Omnibus

Personen-Schiffahrt

Gültig vom 10. August 1945

Fahrpläne ohne Gewähr! (Russische Zeit)

Hersteller:
Rudolf von Malitz, Herausgeber der Graphischen Fahrpläne, Berlin-Lichterfelde-Ost, Oberhofer Weg 20

Druck und Verlag: Dr. Hans Muschke, Berlin SO 36, Taborstraße

Preis 50 Pfennig

Treptower Park—Papestraße

Treptower Park	ab		6.31	6.51		21.11	21.31
Braunauer Straße			6.35	6.55		21.15	21.35
Berlin-Neukölln			6.37	6.57	usw.	21.17	21.37
Hermannstraße (umsteigen)	an		6.39	6.59	alle	21.19	21.39
					20 Min.		
Hermannstraße	ab	6.21	6.41	7.01	bis	21.21	
Tempelhof		6.26	6.46	7.0[illegible]		21.29	
Papestraße	an	6.29	6.49	7.0[illegible]		21.29	

Papestraße—Treptower Park

Papestraße	ab	6.11	6.31		21.11
Tempelhof		6.14	6.34		21.14
Hermannstraße (umsteigen)	an	6.19	6.39	usw. alle	21.19
Hermannstraße	ab	6.21	6.41	20 Min.	21.21
Berlin-Neukölln		6.23	6.43	bis	21.23
Braunauer Straße		6.2[illegible]	6.45		21.25
Treptower Park	an	6.29	6.49		21.29

4

Berlin-Gesundbrunnen—Ostkreuz

Berlin-Gesundbrunnen	an	6.04	6.34		21.04
Schönhauser Allee		6.08	6.38		21.08
Prenzlauer Allee		6.10	6.40	usw.	21.10
Berlin-Weißensee (umsteigen)	an	6.12	6.42	alle 30 Min.	21.12
Berlin-Weißensee	ab	6.16	6.46	bis	21.16
Landsberger Allee		6.20	6.50		21.20
Berlin Zentralviehhof		6.22	6.52		21.22
Berlin Frankfurter Allee		6.25	6.55		21.25
Ostkreuz Bstg. F	an	6.28	6.58		21.28

Ostkreuz—Berlin-Gesundbrunnen

Ostkreuz Bstg. F	ab	6.02	6.32		21.52
Berlin Frankfurter Allee		6.06	6.35		21.06
Berlin Zentralviehhof		6.09	6.39	usw.	21.09
Landsbeager Allee		6.11	6.41	alle	21.11
Berlin-Weißensee (umsteigen)	an	6.14	6.44	30 Min. bis	21.14
Berlin-Weißensee	ab	6.18	6.48		21.18
Prenzlauer Allee		6.21	6.51		21.21
Schönhauser Allee		6.23	6.53		21.23
Berlin-Gesundbrunnen	an	6.26	6.56		21.26

Ein privater Herausgeber – Rudolf von Malitz – brachte zum 10. August 1945 ein Fahrplanheft heraus, das neben der S-Bahn auch die Fahrten der U-Bahn, der Straßenbahn, des Omnibusses und der Personen-Schifffahrt von Berlin enthielt. Dieses ist hier für die S-Bahn auszugsweise abgedruckt. Selbst Fahrgastschiffe ersetzten fehlenden Bahnverkehr: Seit 30. Mai 1945 fuhr die BVG zwischen Stößensee und Kladow, später zur Glienicker Brücke (Potsdam), bis ab August 1945 auch private Reeder zugelassen wurden [4.03].

| *Dokument: Slg. Kuhlmann*

Berlin Stettiner Bf.—Oranienburg
(Dampfbetrieb)

Berlin Stettiner Bf.	ab	8.30	13.20	18.00
Humboldthain		8.36	13.26	18.06
Berlin-Gesundbrunnen		8.41	13.31	18.11
Bornholmer Straße		8.46	13.36	18.16
Wollankstraße		8.52	13.42	18.22
Berlin-Schönholz		8.57	13.47	18.27
Wilhelmsruh		9.04	13.54	18.34
Wittenau Nordbahn		9.12	14.02	18.42
Waidmannslust		9.18	14.08	18.48
Berlin-Hermsdorf		9.29	14.19	18.59
Berlin-Frohnau		9.37	14.27	19.07
Hohen Neuendorf		9.48	14.38	19.18
Birkenwerder (b. Berlin)		9.56	14.46	19.26
Borgsdorf		10.05	14.55	19.35
Lehnitz		10.14	15.04	19.44
Oranienburg	an	10.18	15.08	19.48

Oranienburg—Berlin Stettiner Bf.
(Dampfbetrieb)

Oranienburg	ab	6.12	11.02	15.42
Lehnitz		6.18	11.08	15.48
Borgsdorf		6.27	11.17	15.57
Birkenwerder (b. Berlin)		6.36	11.26	16.06
Hohen Neuendorf		6.44	11.34	16.14
Berlin-Frohnau		7.55	11.45	16.25
Berlin-Hermsdorf		7.08	11.58	16.38
Waidmannslust		7.14	12.04	16.44
Wittenau Nordbahn		7.20	12.10	16.50
Berlin-Wilhelmsruh		7.28	12.18	16.58
Berlin-Schönholz		7.35	12.25	17.05
Wollankstraße		7.40	12.30	17.10
Bornholmer Straße		7.46	12.36	17.16
Berlin-Gesundbrunnen		7.51	12.41	17.21
Humboldthain		7.56	12.46	17.26
Berlin Stettiner Bf.	an	8.00	12.50	17.30

8

Berlin Stettiner Bf.—Velten—Kremmen
(Berlin Stettiner Bf.—Berlin-Tegel elektr. Betrieb)

Berlin Stettiner Bf.	ab	6.30	8.20	und weiter ab
Humboldhain		6.34	8.24	Bln.-Stettiner Bf.
Berlin-Gesundbrunnen		6.37	8.27	um 12.00
Bornholmer Straße		6.40	8.30	16.20
Wollankstraße		6.43	8.33	und 17.50
Berlin-Schönholz		6.46	8.36	
Berlin-Reinickendorf		6.51	8.41	
Wittenau Krem. Bahn		6.54	8.44	
Eichbornstraße		6.57	8.47	
Berlin-Tegel	an	7.01	8.51	
Schulzendorf (b.Tegel) Heiligensee		von Berlin-Tegel—Heiligensee Straßenbahnlinie 128 u. v. Heiligensee—Hennigsdorf Fußweg		
Hennigsdorf (Kr.Osthld.)	ab		8.08	17.08
Hohenschöpping			8.15-16	17.15-16
Velten (Mark)		6.23	8.21-23	17.21-23
Vehlefanz		6.34-36	8.34-36	17.34-36
Schwante		6.40-42	8.40-42	17.40-42
Kremmen	an	6.51	8.51	17.51

Kremmen—Velten—Berlin Stettiner Bf.
(Berlin-Tegel—Berlin Stettiner Bf. elektr. Betrieb)

Kremmen	ab	7.04		
Schwante		7.13-15		
Vehlefanz		7.19-21		
Velten (Mark)		7.32-34		
Hohenschöpping		7.40-41		
Hennigsdorf (Kr.Osthld.)	an	7.48		
Heiligensee Schulzendorf (b.Tegel)		von Hennigsdorf—Heiligensee Fußweg und von Heiligensee—Berlin-Tegel Straßenbahnlinie 128		
Berlin-Tegel	ab	7.14	9.04	und weiter
Eichbornstraße		7.19	9.09	von Bln.-Tegel
Wittenau Krem. Bahn		7.22	9.12	um 13.44
Berlin-Reinickendorf		7.26	9.16	17.14
Berlin-Schönholz		7.30	9.20	und 18.34
Wollankstraße		7.33	9.23	
Bornholmer Straße		7.36	9.26	
Berlin-Gesundbrunnen		7.39	9.29	
Humboldthain		7.42	9.32	
Berlin Stettiner Bf.	an	7.45	9.35	

9

Yorckstraße—Südende (elektr. Betrieb)

Yorckstraße	ab	6.04	6 34	usw.	21.34
Papestraße		6.09	6.39	alle	21.39
Priesterweg		6.13	6.43	30 Min.	21.43
Südende	an	6.16	6.46	bis	21.46

Südende—Yorckstraße (elektr. Betrieb)

Südende	ab	6.20	6.50	usw.	21.50
Priesterweg		6.24	6.54	alle	21.54
Papestraße		6.28	6.58	30 Min.	21.58
Yorckstraße	an	6.32	7.02	bis	22 02

Yorckstraße—Mariendorf (elektr. Betrieb)

Yorckstraße	ab	6.00	6.30	usw.	21.00
Papestraße		6.05	6.35	alle	21.05
Priesterweg		6.08	6.38	30 Min.	21.08
Mariendorf	an	6.12	6.42	bis	21.12

Mariendorf—Yorckstraße elektr. Betrieb)

Mariendorf	ab	6.16	6.46	usw.	21.16
Priesterweg		6.19	6.49	alle	21.19
Papestraße		6.23	6.53	30 Min.	21.23
Yorckstraße	an	6.28	6.58	bis	21.28

Berlin Anhalter Bf.—Zossen (Dampfbetrieb)

Berlin Anhalter Bf.	ab	6.33	und weiter
Mariendorf		6.48	ab Anhalter Bf.
Marienfelde		6 56	um 10.33
Lichtenrade		7.04	14.53
Mahlow		7 11	u. 18.33
Dahlewitz		7.18	
Rangsdorf		7.25	
Dabendorf		7.36	
Zossen	an	7.42	

6

Westend—Papestraße (elektr. Betrieb)

Westend	ab	6.01	6.21	6.41		21.01	21.21
Witzleben		6.03	6.23	6.43		21.03	21.23
Westkreuz		6.07	6.27	6.47		21.07	21.27
Berlin-Halensee	an	6.09	6 29	6.49	usw.	21.09	21.29
(umsteigen)	ab	6 11	6.31	6.51	alle	21.11	
Hohenzollerndamm		6.14	6.34	6.54	20 Min.	21.14	
Schmargendorf		6.17	6.37	6.57	bis	21.17	
Bln.-Wilmersdorf	an	6.19	6.39	6.59		21.19	
(umsteigen)	ab	6.21	6.41	7.01		21.21	
Innsbrucker Platz		6.23	6.43	7 03		21.23	
Schöneberg		6.27	6.47	7.07		21.27	
Papestraße	an	6.29	6.49	7.09		21.29	

Papestraße—Westend (elektr. Betrieb)

Papestraße	ab		6.11	6.31		21.11
Schöneberg			6.15	6.35		21.15
Innsbrucker Platz			6.17	6.37		21.17
Bln.-Wilmersdorf	an		6 19	6.39	usw.	21.19
(umsteigen)	ab		6.21	6.41	alle	21.21
Schmargendorf			6.24	6.44	20 Min.	21.24
Hohenzollerndamm			6.27	6.47	bis	21.27
Bln.-Halensee	an		6.29	6.49		21.29
(umsteigen)	ab	6.11	6.31	6.51		21.31
Westkreuz		6.15	6 35	6 55		21.35
Witzleben		6 17	6.37	6 57		21.37
Westend	an	6 19	6 39	6 59		21.39

Zossen—Berlin Anhalter Bf. (Dampfbetrieb)

Zossen	ab	8.18	und weiter
Dabendorf		8.24	ab Zossen
Rangsdorf		8.35	um 12.18
Dahlewitz		8.42	16.18
Mahlow		8.49	u. 20.18
Lichtenrade		8.56	
Marienfelde		9.04	
Mariendorf		9.12	
Berlin Anhalter Bf.	an	9 25	

7

Bln.-Wannsee—Bln.-Charlottenburg (elektr. Betrieb)

Bln.-Wannsee	ab	6.03	6.33	usw.	20.33
Nikolassee		6.07	6 37	alle	20.37
Berlin-Grunewald		6.17	6.47	30 Min.	20.47
Westkreuz		6.21	6.51	bis	20.51
Bln.-Charlottenburg	an	6 24	6.54		20.54

Bln.-Charlottenburg—Bln.-Wannsee (elektr. Betrieb)

Bln.-Charlottenburg	ab	6.36	7.06	usw.	21.06
Westkreuz		6.41	7.11	alle	21.11
Berlin-Grunewald		6.47	7.17	30 Min.	21.17
Nikolassee		6.57	7.27	bis	21.27
Bln.-Wannsee	an	7.01	7.31		21.31

Bln.-Spandau (Hbf.)—Bln.-Charlottenburg (elektr. Betrieb)

Bln.-Spandau (Hbf.)	ab	6.19	6.49		20.49
Pichelsberg		6.25	6.55		20 55
Reichssportfeld	an	6.28	6.58	usw.	20.58
(umsteigen)	ab	6 33	7 03	alle	21.03
Heerstraße		6.35	7.05	30 Min.	21.05
Deutschlandhalle		6.37	7.07	bis	21.07
Westkreuz		6.41	7.11		21.11
Bln.-Charlottenbg.	an	6.44	7.14		21.14

Bln.-Charlottenburg—Bln.-Spandau (Hbf.) (elektr. Betrieb)

Bln.-Charlottenbg	ab		6.47	7 17		20.47	21.17
Westkreuz		6.22	6.52	7.22		20.52	21 22
Deutschlandhalle		6.25	6.55	7.25	usw.	20.55	
Heerstraße		6.28	6.58	7.28	alle	20.58	
Reichssportfeld	an	6.30	7.00	7.30	30 Min.	21.00	
(umsteigen)	ab	6.32	7.02	7.32	bis	21.02	
Pichelsberg		6 35	7.05	7.35		21.05	
Bln.-Spandau (Hbf.)	an	6.40	7.10	7.40		21.10	

10

Berlin-Wannsee—Berlin Potsdamer Ringbf (elektr. Betrieb)

Berlin-Wannsee	ab	5 50	6 10	und weiter ab Wannsee alle 20 Minuten bis 20.30 und 20.50 nur bis Schöneberg.
Nikolassee		5.54	6 14	
Schlachtensee		5.58	6.18	
Zehlendorf West		6.01	6 21	
Berlin-Zehlendorf		6.06	6 26	
Sundgauerstraße		6.09	6.29	
Lichterfelde West		6.12	6.32	
Botanischer Garten		6.15	6.35	
Berlin-Steglitz		6.19	6.39	
Feuerbachstraße		6 22	6.42	
Friedenau		6 24	6.44	
Schöneberg		6.27	6 47	
Großgörschenstraße		6.30	6 50	
Berlin Potsdamer Ringbf.	an	6.34	6.54	

Berlin Potsdamer Ringbf.—Berlin-Wannsee (elektr. Betrieb)

Berlin Potsdamer Ringbf.	ab	—	6.23	und weiter ab Berlin Potsdamer Ringbf alle 20 Minuten bis 21.03.
Großgörschenstraße		—	6.27	
Schöneberg		6.10	6.30	
Friedenau		6.13	6.33	
Feuerbachstraße		6.16	6.36	
Berlin Steglitz		6.18	6.38	
Botanischer Garten		6.22	6.42	
Lichterfelde West		6.25	6.45	
Sundgauerstraße		6 29	6.49	
Berlin-Zehlendorf		6.31	6.51	
Zehlendorf West		6.36	6.56	
Schlachtensee		6 40	7.00	
Nikolassee		6 44	7.04	
Berlin-Wannsee	an	6.47	7.07	

11

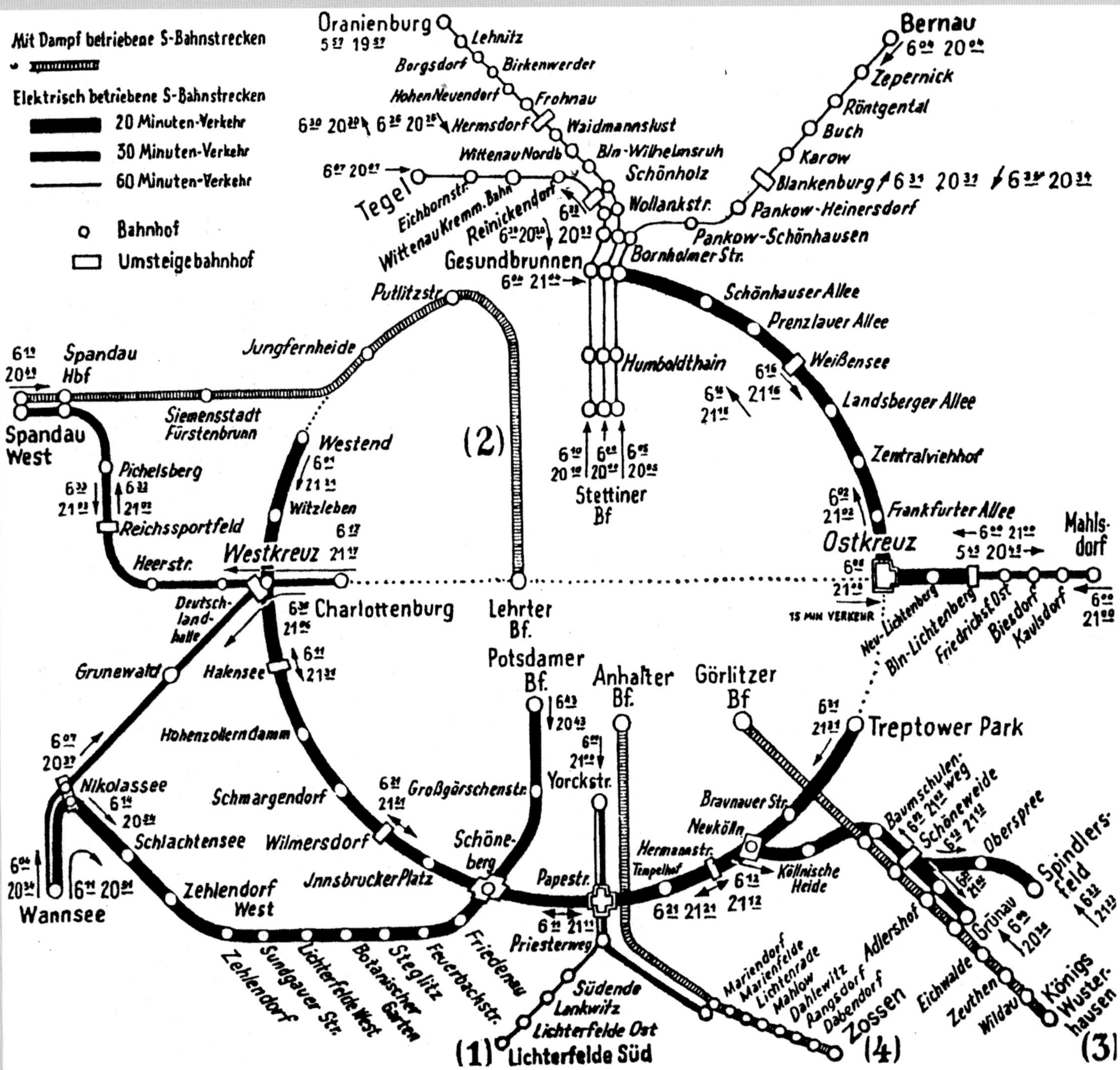

Elektrischer S-Bahn-Verkehr am 20. August 1945 mit Angabe der Abfahrzeiten und der Zugfolge. Die S-Bahn-Strecke nach Erkner fehlt völlig, weil sie abgebaut wurde. Zwischen dem damaligen Hauptbahnhof in Spandau und Spandau West begann der S-Bahn-Verkehr allerdings erst am 20. August 1946.

| *Zeichnung: Slg. Kuhlmann (Quelle: Berliner Zeitung vom 22. August 1945)*

S-Bahn Charlottenburg (vgl. S. 125)

Kennzeichnend für den S-Bahn-Verkehr in den ersten Nachkriegs-Monaten war das häufige Umsteigen (siehe in den Fahrplan-Tabellen). Ursachen waren nicht nur die häufig eingleisigen Strecken, sondern auch fehlende Sicherungsanlagen. Deshalb richtete man im Abstand von 20 bis 30 Minuten zwischen zwei Bahnhöfen einen Pendelbetrieb ein, der nur ein Gleis benötigte. Die Fahrgäste hatten dann auf den Umsteigebahnhöfen lediglich die Bahnsteigkante zu wechseln, oft war direkter Anschluss vorhanden. Trotzdem waren die Fahrzeiten recht lang. Dauerte die Fahrt (mit der elektrischen S-Bahn) zwischen Westend und Treptower Park damals mit viermaligen Umsteigen 48 Minuten, braucht man heute lediglich 30 Minuten. Am 8. Februar 1946 gab man den letzten Pendelabschnitt zwischen Wedding und Putlitzstraße (heute Beusselstraße) auf, doch musste in Treptower Park bis zum 18. Mai 1946 weiterhin umgestiegen werden. Es gab auch S-Bahn-Strecken, die mit Dampfzügen befahren wurden, wie z.B. zwischen dem Stettiner Bahnhof und Oranienburg, zwischen Tegel und Velten – Kremmen, zwischen dem Anhalter Bahnhof und Rangsdorf – Zossen [4.05].

Jungfernheide
Bahnsteig D

Im Februar 1946 fuhr die S-Bahn auf dem Ring wieder durchgehend mit Umsteigen in Treptower Park. Umsteigen war auch in Jungfernheide angesagt zur Fahrt auf der eingleisigen Strecke (bis 1956) nach Gartenfeld bzw. zu den Siemens-Werken, die unter Reparationen an die Sowjetunion litten.
| *Foto: RVM (Ittenbach), Archiv Eisenbahnstiftung Nr. 13503*

Die Wiederherstellungsarbeiten im Bahnnetz gingen schnell voran, deshalb änderten sich oft die befahrbaren Strecken und deren Fahrpläne, die gar nicht so schnell verbreitet werden konnten. Mit Genehmigung der amerikanischen Besatzungsmacht ließ Angermann&Frühauf eine Netzspinne der Berliner S- und U-Bahn drucken, deren Linien – so die Hersteller – vom Nutzer nach Bedarf und nach Eröffnung neuer Strecken farbig ausgemalt werden sollten, um einen aktuellen Überblick über Fahrtmöglichkeiten zu erhalten (alle Drucksachen waren damals von der zuständigen Besatzungsmacht zu genehmigen!) [4.05].

Eine nach Kriegsende herausgegebene Netzspinne für S- und U-Bahn in Berlin. Der Herausgeber empfahl dem Nutzer die Strecken nach aktuellem Stand farbig zu markieren, rot die U-Bahn, grün die S-Bahn.
| *Dokument: Slg. Manuel Jacob*

Nachdem man im August 1945 mit dem Trockenlegen des gefluteten Nord-Süd-S-Bahn-Tunnels begann, konnte am 2. Juni 1946 der S-Bahn-Betrieb von Süden bis Friedrichstraße aufgenommen werden; die Aufräumungs- und Instandsetzungsarbeiten bis zum Stettiner Bahnhof (heute Nordbahnhof) dauerten bis zum 16. November 1947; dann war der Nord-Süd-S-Bahn-Tunnel wieder durchgehend befahrbar. Nachdem die Brücke über die Havel zwischen Heiligensee und Hennigsdorf repariert worden war, fuhr die S-Bahn wieder bis Velten (Mark). Seit 7. Juli 1946 fuhren wieder S-Bahn-Züge bis Lichterfelde Süd über die instandgesetzte Brücke über den Teltowkanal bei Südende. Erst ab 15. August 1946 konnte der S-Bahn-Verkehr zwischen Spandau Hbf (heute Stresow) und Spandau West (heute Spandau) wieder aufgenommen werden. Und doch fehlten noch bisher betriebene Strecken … [4.05].

Noch eine Inspektion im gefluteten und zum Teil zerstörten S-Bahn-Tunnel. | *Foto: Berlin Story*

Eine erste Inspektion des gefluteten Nordsüd-S-Bahn-Tunnels mit einem Boot.
| *Foto: picture alliance / akg-images*

Der beschädigte Bahnhof Alexanderplatz von der Rathausstraße aus gesehen. | *Foto: Bundesarchiv Bild 204-022*

A

Die Schadensstelle im Landwehrkanal am Tempelhofer Ufer in der Nähe des Anhalter Bahnhofs überflutete den Nordsüd-S-Bahn-Tunnel: Punkt A kennzeichnet das stählerne Portal im Tunnel, das der Explosion widerstand und den Einsturz der Hochbahnbrücke der U-Bahn verhinderte.
| *Foto: Histor. Slg. DBAG/Max Krajewski*

Zustand des gesprengten Tunnels am Landwehrkanal in der Nähe des Anhalter Bahnhofs (1946).
| *Foto: Histor. Slg. DBAG*

Die beschädigten Gleise und Anlagen im trockengelegten S-Bahn-Tunnel werden sichtbar, evtl. am S-Bahnhof Unter den Linden, heute Brandenburger Tor.
| *Foto: Bundesarchiv-Bild-183-R97751*

Durch die Flutung geschädigte S-Bahn im Tunnel.
| *Foto: Berliner Unterwelten*

Der unterirdische Anhalter Bahnhof ist trotz letzter Wasserreste wieder erkennbar.
| *Foto: Hist. Slg. DB AG*

Feierliche Wiedereröffnung des Nordsüd-S-Bahn-Tunnels am 15. November 1947 am Potsdamer Platz mit einem geschmückten Sonderzug (damalige Baureihe 167). Zweiter von links ist Erwin Kramer, damals Vizepräsident der Rbd Berlin, seit 1950 Generaldirektor der DR.
| *Foto: Histor. Slg. DBAG/Max Krajewski*

Der während des Krieges begonnene, aber nicht vollendete viergleisige Ausbau der Ostbahn wurde eingleisig für die S-Bahn fortgesetzt: Seit 7. März 1947 fuhr die elektrische S-Bahn von Mahlsdorf weiter bis Hoppegarten (Mark), seit 1. September 1948 bis Fredersdorf (b Bln) und seit 30. Oktober 1948 gar bis Strausberg.

Die S-Bahn fährt wieder, wenn auch mit Einschränkungen. Am 16. April 1949 passiert ein nach Rangsdorf ausfahrender S-Bahn-Zug die nur für ein Gleis hergerichtete Teltowkanal-Brücke bei Mariendorf.

| *Foto: Slg. Kuhlmann*

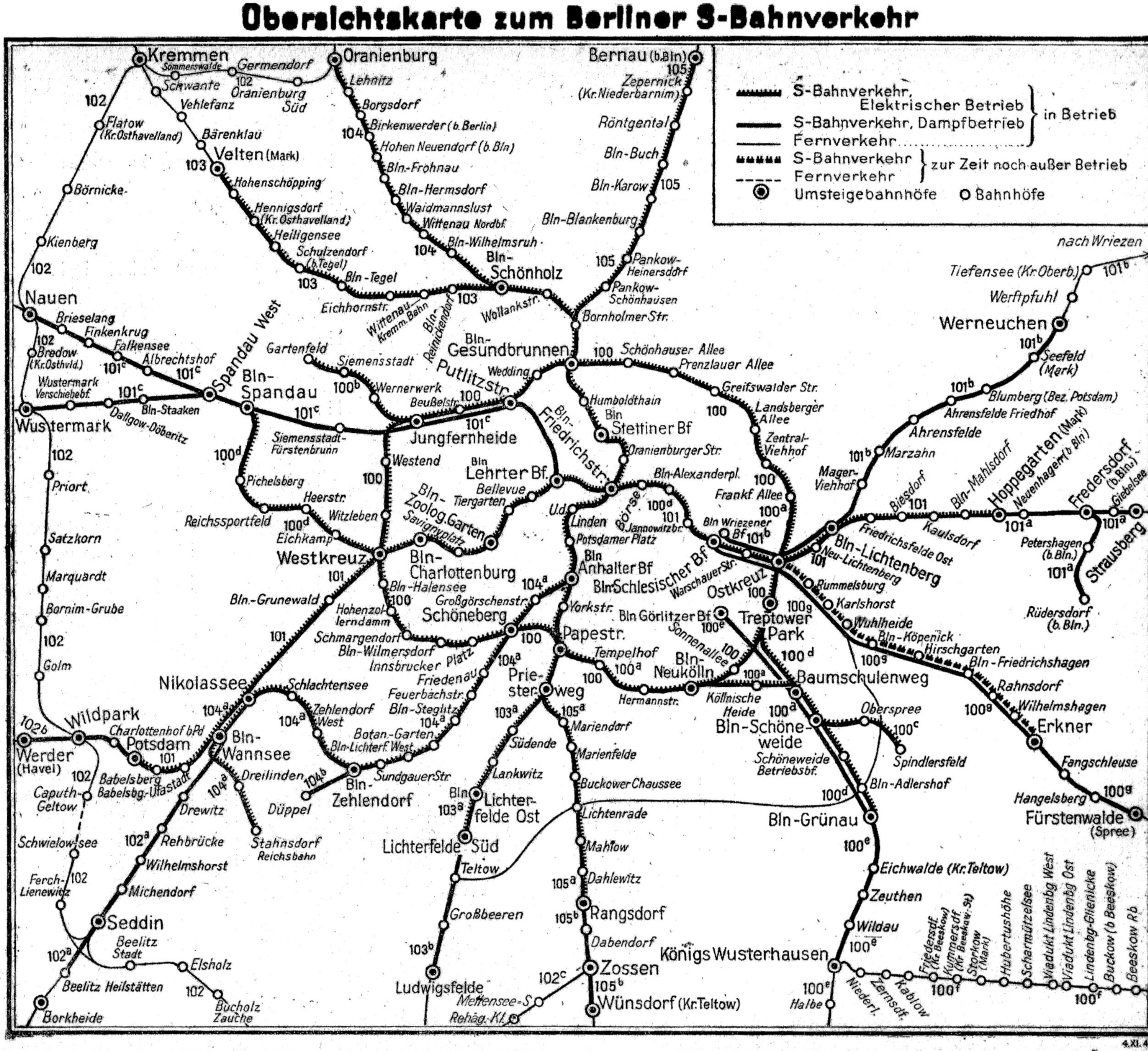

Das Netz der Berliner S-Bahn von 1947: Auf allen Strecken besteht wieder Zugbetrieb. Nur die Strecke von Ostkreuz nach Erkner und der nicht eingezeichnete Abschnitt Düppel – Griebnitzsee der Stammbahn fehlen noch.

| *Zeichnung: Slg. Kuhlmann*

Reparationen und Neubauten bei der S-Bahn

Mit den Demontagen sank im Bezirk der späteren Rbd Berlin der Anteil zwei- und mehrgleisiger Strecken von 73,2 Prozent am Ende des Jahres 1944 (1084,29 km des 1481,53 km langen Streckennetzes) auf 24,6 Prozent im Jahre 1948 (364,44 km). Von den 712 km elektrifizierten Betriebsgleisen der S-Bahn waren am Kriegsende 119 km völlig ausgefallen. 82,50 km Strecken waren nicht betriebsfähig, da sie – wie die 24,18 km lange S-Bahn-Strecke Berlin Ostbahnhof – Erkner und die 7,2 km lange Potsdamer Stammbahn zwischen Düppel-Kleinmachnow und Griebnitzsee – abgebaut waren [4.06]. Zweigleisig blieben im Wesentlichen nur die elektrischen S-Bahn- und Fernstrecken im Innenstadtbereich (vgl. Bild Seite 44)

Warum wurde gerade die S-Bahn-Strecke nach Erkner abgebaut? Die Breitspur auf der Schlesischen Bahn nutzte man zuerst als Nachschublinie für die kämpfenden Truppen während der Berliner Operation und – als diese beendet war – dem schnellen Abtransport von Mannschaften und Technik aus Deutschland in den asiatischen Raum zum Kampf gegen Japan [4.07, Seite 240]. Man spricht sogar davon – ohne den Beweis führen zu können –, dass die S-Bahn-Strecke nach Erkner durch den Abmarsch sowjetischer Panzer und schwerem Kriegsgerät platt gewalzt wurde, und wegen der schweren Zerstörungen am Gleiskörper deshalb der Betrieb hier nicht wieder aufgenommen werden konnte [4.07, Seite 240].

Dann löste die UdSSR seit 23. Juni 1945 rund 33 Jahrgänge aus dem Truppendienst heraus (bis 1948 sind 50 Divisionen aufgelöst worden) [4.08, Seite 24 – 40]. Die demobilisierten Mannschaften sammelten sich besonders auf den Bahnhöfen Berlin-Lichtenberg in Richtung Küstrin-Kietz und Erkner über Frankfurt (Oder). In Erkner bestand noch bis Herbst 1945 der Vorteil, sowohl für das Verlegen als auch für das Demobilisieren von Truppen und deren Technik die Breitspur nutzen zu können.

Die Gleisdemontagen führten zu kuriosen Betriebsverhältnissen: Am 1. Dezember 1945 richtete man einen Pendelbetrieb mit Dampflokomotive (u.a. auch Baureihe 03) und Personenwagen im Stunden-Takt zwischen Berlin-Zehlendorf und Düppel-Kleinmachnow (heute Düppel) ein, das Triebfahrzeug schob in Richtung Düppel, die Zugspitze besetzte der Zugführer, der sich mit dem Lokführer über eine Klingelleine verständigte. Am 15. Mai 1948 ist dann auf der jetzt eingleisigen Strecke zwischen Zehlendorf und Düppel der elektrische S-Bahn-Verkehr eröffnet worden.

Zwar gab die Sowjetarmee am 28. September 1945 das von ihr beschlagnahmte Reichsbahn-Ausbesserungswerk Berlin-Schöneweide zurück, doch waren am 20. April 1946 plötzlich 100 intakte Viertelzüge der S-Bahn aus dem Verkehr zu ziehen und als Reparationen an die Sowjetunion abzuliefern [4.09]. Ebenso mussten Bahn-Energie-Versorgungsanlagen der S-Bahn demontiert werden: Von elf Unterwerken der Stadtbahn waren danach nur noch fünf vorhanden, ebenso verschwanden die Unterwerke Anhalter Bahnhof und Berlin-Köpenick vollständig in Richtung Sowjetunion [4.10].

Erst nach vielen erfolglosen Versuchen der Rbd Berlin bei der SMAD wurde der Wiederaufbau der S-Bahn-Strecke nach Erkner gestattet, der am 20. Mai 1947 mit 330 Arbeitskräften zwischen Köpenick und dem Schlesischen Bahnhof begann [4.11]. Seit 5. Januar 1948 fuhr die S-Bahn wieder bis Berlin-Köpenick, seit 30. April 1948 bis Berlin-Friedrichshagen und seit 2. November 1948 bis Erkner. Die dafür nötigen Schienen gewann man vom zweiten Gleis der Strecke Strausberg – Kietz [4.05].

Nach der Demontage der 23,8 km langen S-Bahn-Strecke zwischen Erkner und dem Schlesischen Bahnhof (heute Ostbahnhof) im Mai/Juni 1945 überwuchert das Unkraut die im Schotter verbliebenen Schwellen. Nur ein Stück Stromschiene verrät das ehemalige S-Bahn-Gleis zwischen Berlin-Köpenick und Hirschgarten. Am 20. Mai 1947 durfte mit dem Wiederaufbau begonnen werden.

| *Foto: Slg. G. Meyer (Quelle: Neue Berliner Illustrierte, Winter 1947/48)*

Im März 1947 waren die Arbeiten zum Wiederaufbau der S-Bahn-Strecke von Berlin Ostbahnhof zunächst bis Berlin-Köpenick in vollem Gange, wie hier am S-Bahnhof Ostkreuz.
| *Foto: Slg. Kuhlmann*

Am 3. Januar 1948 wurde die wiederaufgebaute S-Bahn-Strecke vom Ostbahnhof nach Berlin-Köpenick feierlich eröffnet.
| *Foto: Slg. Kuhlmannw*

Die S-Bahn-Züge wenden 1948 vorläufig noch in Köpenick (hier Zuggruppe F), doch zum Jahresende ist Erkner wieder Endpunkt.

Foto: Walter Hollnagel, Archiv Eisenbahnstiftung

Tabelle 4: Betriebsaufnahmen der S-Bahn

Datum	Abschnitt nach [4.02, 4.09].
Juni 1945	
6.	Wannsee – Schöneberg
8.	Yorckstraße – Südende
9.	Spandau Hbf – Westkreuz
11.	Stettiner Fernbf – Lehnitz Stettiner Fernbf – Tegel Stettiner Fernbf – Bernau
18.	Treptower Park – Papestraße
Juli 1945	
11.	Schöneberg – Großgörschenstr. Westkreuz – Charlottenburg Charlottenburg – Wannsee Lehnitz – Oranienburg Papestr. – Wilmersdorf Ostkreuz – Gesundbrunnen Grünau – Neukölln
19.	Wilmersdorf – Halensee
26.	Schöneweide – Spindlersfeld
28.	Halensee – Westend
31.	Ostkreuz – Mahlsdorf
August 1945	
2.	Priesterweg – Mariendorf
6.	Großgörschenstr. – Potsdamer Ringbf
17.	Südende – Lichterfelde Süd
25.	Charlottenburg – Zoologischer Garten
September 1945	
5.	Westend – Jungfernheide
6.	Zoologischer Garten – Tiergarten Mariendorf – Mahlow
9.	Jungfernheide – Beusselstr.
17.	Wannsee – Dreilinden
29.	Beusselstr. – Putlitzstr.
Oktober 1945	
1.	Gesundbrunnen – Wedding Mahlow – Rangsdorf
12.	Tiergarten – Bellevue
15	Bellevue – Lehrter Stadtbf
19.	Lehrter Stadtbf – Friedrichstr.
November 1945	
4.	Friedrichstr. – Alexanderplatz
5.	Ostkreuz – Schlesischer Bahnhof
15.	Schlesischer Bahnhof - Alexanderplatz
21.	Ostkreuz – Treptower Park
Dezember 1945	
15.	Putlitzstr. – Wedding
1946	
31. Januar	Humboldthain – Stettiner Bahnhof (unten)
2. Juni	Großgörschenstr.. – Friedrichstr.
15. August	Yorckstr. – Anhalter Bahnhof (unten)
1947	
7. März	Mahlsdorf - Hoppegarten
16. November	Stettiner Bf (unten) – Friedrichstr.
1948	
5. Januar	Ostkreuz – Köpenick
30. April	Köpenick – Friedrichshagen
15. Mai	Zehlendorf – Düppel, seit 1. Dez. 1945 bereits Dampfbetrieb
1.September	Hoppegarten – Fredersdorf
30. Oktober	Fredersdorf – Strausberg
2. November	Friedrichshagen – Erkner
1951	
30. April	Grünau – Königs Wusterhausen
7. Juli	Lichterfelde Süd – Teltow
?? August	Nordost-Kurve in Ostkreuz
3. August	Spandau West – Staaken
14. August	Spandau West – Falkensee
28. August	Jungfernheide – Spandau
1958	
?? November	Charlottenburg – Halensee, seit 1945 für Betriebsfahrten genutzt
Nicht wieder in Betrieb genommen wurde die Kurve Witzleben – Charlottenburg.	
Hinweis: Hier wurden die früheren Stationsnamen verwendet.	

Beginnende Abgrenzung?

Am 30. April 1951 ist der elektrische S-Bahnbetrieb nach Königs Wusterhausen unter großer Anteilnahme der Bevölkerung eröffnet worden. In den folgenden Jahren elektrifizierte man weitere kleinere Abschnitte für die S-Bahn überwiegend ins Umland: Am 7. Juli 1951 Lichterfelde Süd – Teltow, am 3. August 1951 Spandau West – Staaken, am 14. August 1951 Spandau West – Falkensee und am 28. August 1951 Jungfernheide – Spandau. All diese Neubauten dienten dem Zweck, die Kontrollen zwischen dem Umland und Groß-Berlin beim Umsteigen auf DDR-Bahnhöfe zu verlegen und die S-Bahn-Züge während der nächtlichen Betriebspause nicht in West-Berlin abzustellen. Dieser gewollten Abgrenzung zu West-Berlin diente auch die Elektrifizierung der Gütergleise zwischen Schönhauser Allee und Berlin-Pankow am 25. Dezember 1952, um Gesundbrunnen in West-Berlin umfahren zu können. Was dann bis August 1961 folgte, ist ein weiteres leidvolles Kapitel der Berliner Verkehrsgeschichte.

1949 ist die S-Bahn-Halle des Bahnhofs Friedrichstraße wiederhergestellt. Ein S-Bahn-Zug (damalige Baureihe 165) der Zuggruppe G fährt am Bahnsteig C ein.

| *Foto: Histor. Slg. DBAG*

Quellen:

[4.01]	*Dr. Bock, Hans: Entstehung und Schicksal der Eisenbahnen in Berlin (1838 – 1961); in: Jahrbuch für Eisenbahngeschichte 1979; hrsg. von der deutschen Gesellschaft für Eisenbahngeschichte e.V., Karlsruhe 1979, Rösler + Zimmer Verlag, Augsburg 1979, Seite 5 – 47*
[4.02]	*Roggisch, Wolfgang: Berliner Eisenbahnverkehr vor 35 Jahren (1945); in: Verkehrsgeschichtliche Blätter (Berlin), 7 (1980), Heft 4, Seite 78 - 82*
[4.03]	*Schmidt, Norbert: Getrennte Wasserwege – Die Folgen des Zweiten Weltkrieges für das Berliner Wasserstraßennetz (1965-1961); in: Verkehrsgeschichtliche Blätter [Berlin], 29 (2002) Heft 5, Seite 126 – 137, und Heft 6, Seite 167 - 173*
[4.04]	*Jacob, Manuel: Auferstanden aus Ruinen – Wie die Ringbahn nach dem Krieg auf Touren kam; in: Punkt 3, Nr. 8/2002 (vom 25.April 2002), Seite 8/9*
[4.05]	*Matznick, Heinz: Überblick über die Entwicklung des Reichsbahndirektionsbezirkes Berlin 1945 bis 1955; hrsg. von der Kommission für Betriebsgeschichte der Rbd Berlin, März 1987*
[4.06]	*Rehbein, Elfriede, u.a.: Deutsche Eisenbahnen 1835 - 1985; transpress-Verlag, Berlin 1985*
[4.07]	*Demps, Laurenz: Der Schlesische Bahnhof in Berlin; transpress-Verlag, Berlin 1991*
[4.08]	*Burlakow, Matwej: Wir verabschieden uns als Freunde. Der Abzug – Aufzeichnungen des Oberkommandierenden der Westgruppe der sowjetischen Streitkräfte; hrsg. von Reiner Roland Lang; InnoVatio Verlag Bonn-Fribourg-Ostrava; Fribourg 1994*
[4.09]	*Jacob, Manuel, u.a.: 75 Jahre Berliner S-Bahn – eine Chronik; in Berliner Verkehrsblätter [Berlin], 46 (1999), Nr. 8, Seite 147 - 165*
[4.10]	*-: Vorsicht Hochspannung! 75 Jahre Berliner S-Bahn – Strom für »zügigen« Großstadtverkehr; hrsg. vom Berliner S-Bahn Museum; Verlag GVE, Berlin 1999*
[4.11]	*Zeitung »Der Tagesspiegel« vom 4. Januar 1948*
[4.12]	*Garn, Robin (Hrsg.): Reichsbahn ohne Reich, Band 1 (1945 – 1955); Verlag LOK REPORT; Berlin 1996, Seite 167*

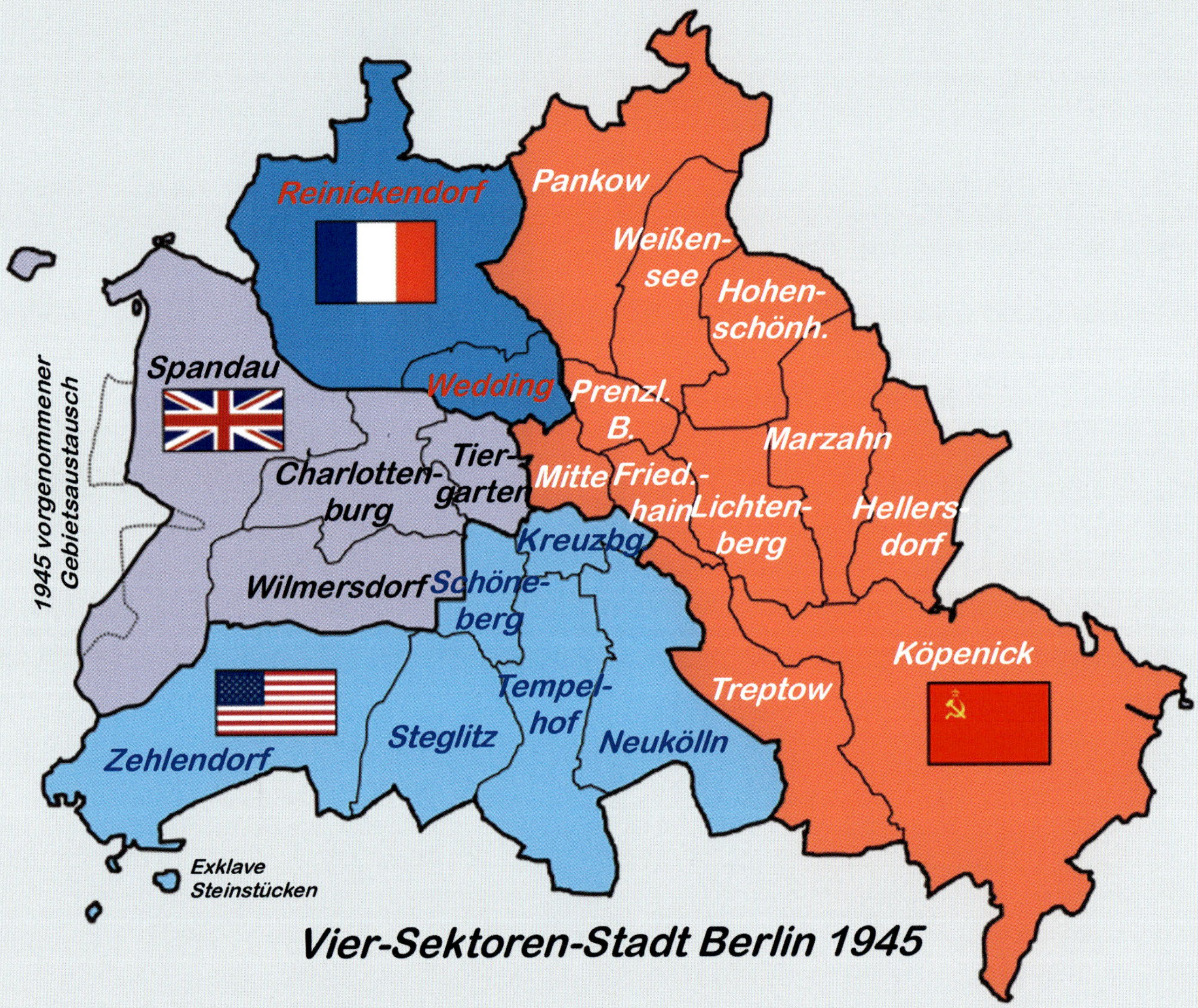

Die Sektoren für die Besatzungsmächte teilten Berlin. | *Zeichnung: Slg. Kuhlmann*

5. Tarife und Fahrpreise

Die Nachkriegssituation im Reiseverkehr

Nach Kriegsende durfte man ohne Genehmigung nur innerhalb der jeweiligen Besatzungszone verreisen. Zwar fuhr seit 7. Oktober 1945 zwischen Hannover und Berlin das erste Interzonen-Zugpaar FD 111/112, das auch Wagen für Deutsche mit Passierschein der Militärbehörden mitführte. Erst ab 29. Oktober 1946 stellten die Behörden für Reisen zwischen den Besatzungszonen Interzonen-Pässe aus, somit waren Reisen über die Zonengrenzen überhaupt erst möglich. Diese bewachten die jeweiligen Siegermächte seit April 1945 bis Oktober 1946 unterschiedlich streng, mit Ausnahme der sowjetischen Truppen [5.01].

(Hinweis: Die Zugfahrten der Alliierten zwischen den Westzonen und West-Berlin und der später einsetzende Interzonen-/Transitverkehr nach West-Berlin sind im Buch von Bernd Kuhlmann »Die Deutsche Reichsbahn in West-Berlin«, transpress-Verlag, Stuttgart 2020, Seite 13 – 19, ISBN 978-3-613-71311-6, ausführlich behandelt und werden hier nicht wiederholt.)

Am Potsdamer Platz treffen die Sektoren der sowjetischen, der amerikanischen und der britischen Besatzungsmacht aufeinander, doch auch die Polizisten aus Ost und West beäugen einander argwöhnisch. | *Foto: G. Meyer (†)*

Fahrten innerhalb Berlins und in das Umland waren somit möglich, wenn auch äußerst beschwerlich und langwierig. Reisen in die Mark Brandenburg – sofern nicht geschäftlich oder dienstlich notwendig – waren oft sogenannte »Hamsterfahrten«. Doch es ging nicht darum Lebensmittel und andere Dinge zu horten, sondern die letzten privaten noch erhaltenen Wertstücke der Stadtbewohner bei den Bauern gegen mehr oder weniger Lebensmittel einzutauschen, damit das Leben der Familie weitergehen kann, weil die Rationen der Lebensmittelkarten sehr knapp bemessen waren.

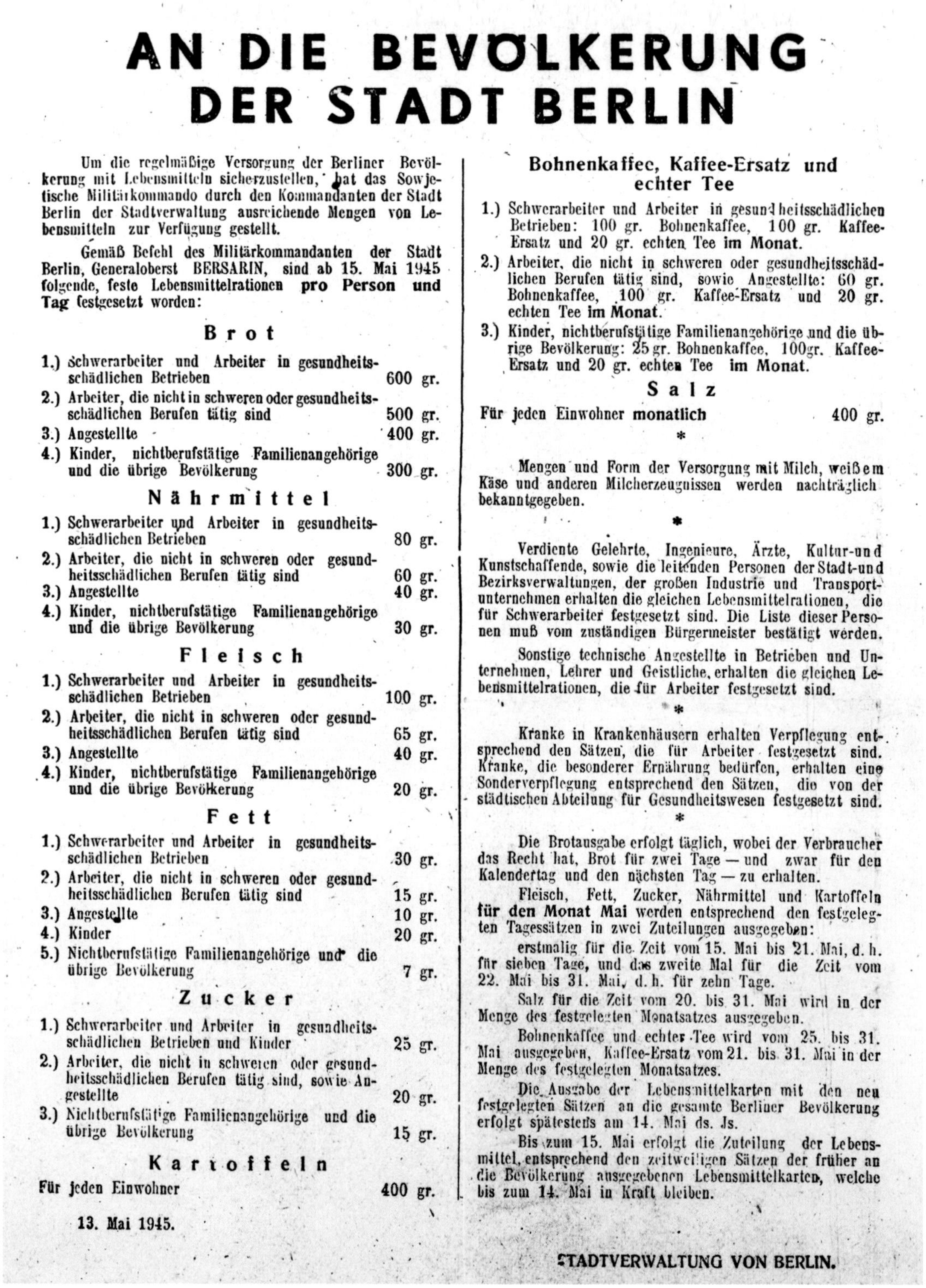

AN DIE BEVÖLKERUNG DER STADT BERLIN

Um die regelmäßige Versorgung der Berliner Bevölkerung mit Lebensmitteln sicherzustellen, hat das Sowjetische Militärkommando durch den Kommandanten der Stadt Berlin der Stadtverwaltung ausreichende Mengen von Lebensmitteln zur Verfügung gestellt.

Gemäß Befehl des Militärkommandanten der Stadt Berlin, Generaloberst BERSARIN, sind ab 15. Mai 1945 folgende, feste Lebensmittelrationen **pro Person und Tag** festgesetzt worden:

Brot

1.) Schwerarbeiter und Arbeiter in gesundheitsschädlichen Betrieben	600 gr.
2.) Arbeiter, die nicht in schweren oder gesundheitsschädlichen Berufen tätig sind	500 gr.
3.) Angestellte	400 gr.
4.) Kinder, nichtberufstätige Familienangehörige und die übrige Bevölkerung	300 gr.

Nährmittel

1.) Schwerarbeiter und Arbeiter in gesundheitsschädlichen Betrieben	80 gr.
2.) Arbeiter, die nicht in schweren oder gesundheitsschädlichen Berufen tätig sind	60 gr.
3.) Angestellte	40 gr.
4.) Kinder, nichtberufstätige Familienangehörige und die übrige Bevölkerung	30 gr.

Fleisch

1.) Schwerarbeiter und Arbeiter in gesundheitsschädlichen Betrieben	100 gr.
2.) Arbeiter, die nicht in schweren oder gesundheitsschädlichen Berufen tätig sind	65 gr.
3.) Angestellte	40 gr.
4.) Kinder, nichtberufstätige Familienangehörige und die übrige Bevölkerung	20 gr.

Fett

1.) Schwerarbeiter und Arbeiter in gesundheitsschädlichen Betrieben	30 gr.
2.) Arbeiter, die nicht in schweren oder gesundheitsschädlichen Berufen tätig sind	15 gr.
3.) Angestellte	10 gr.
4.) Kinder	20 gr.
5.) Nichtberufstätige Familienangehörige und die übrige Bevölkerung	7 gr.

Zucker

1.) Schwerarbeiter und Arbeiter in gesundheitsschädlichen Betrieben und Kinder	25 gr.
2.) Arbeiter, die nicht in schweren oder gesundheitsschädlichen Berufen tätig sind, sowie Angestellte	20 gr.
3.) Nichtberufstätige Familienangehörige und die übrige Bevölkerung	15 gr.

Kartoffeln

Für jeden Einwohner	400 gr.

13. Mai 1945.

Bohnenkaffee, Kaffee-Ersatz und echter Tee

1.) Schwerarbeiter und Arbeiter in gesundheitsschädlichen Betrieben: 100 gr. Bohnenkaffee, 100 gr. Kaffee-Ersatz und 20 gr. echten Tee **im Monat.**

2.) Arbeiter, die nicht in schweren oder gesundheitsschädlichen Berufen tätig sind, sowie Angestellte: 60 gr. Bohnenkaffee, 100 gr. Kaffee-Ersatz und 20 gr. echten Tee **im Monat.**

3.) Kinder, nichtberufstätige Familienangehörige und die übrige Bevölkerung: 25 gr. Bohnenkaffee, 100 gr. Kaffee-Ersatz und 20 gr. echten Tee **im Monat.**

Salz

Für jeden Einwohner **monatlich**	400 gr.

*

Mengen und Form der Versorgung mit Milch, weißem Käse und anderen Milcherzeugnissen werden nachträglich bekanntgegeben.

*

Verdiente Gelehrte, Ingenieure, Ärzte, Kultur- und Kunstschaffende, sowie die leitenden Personen der Stadt- und Bezirksverwaltungen, der großen Industrie und Transportunternehmen erhalten die gleichen Lebensmittelrationen, die für Schwerarbeiter festgesetzt sind. Die Liste dieser Personen muß vom zuständigen Bürgermeister bestätigt werden.

Sonstige technische Angestellte in Betrieben und Unternehmen, Lehrer und Geistliche, erhalten die gleichen Lebensmittelrationen, die für Arbeiter festgesetzt sind.

*

Kranke in Krankenhäusern erhalten Verpflegung entsprechend den Sätzen, die für Arbeiter festgesetzt sind. Kranke, die besonderer Ernährung bedürfen, erhalten eine Sonderverpflegung entsprechend den Sätzen, die von der städtischen Abteilung für Gesundheitswesen festgesetzt sind.

*

Die Brotausgabe erfolgt täglich, wobei der Verbraucher das Recht hat, Brot für zwei Tage — und zwar für den Kalendertag und den nächsten Tag — zu erhalten.

Fleisch, Fett, Zucker, Nährmittel und Kartoffeln **für den Monat Mai** werden entsprechend den festgelegten Tagessätzen in zwei Zuteilungen ausgegeben:

erstmalig für die Zeit vom 15. Mai bis 21. Mai, d. h. für sieben Tage, und das zweite Mal für die Zeit vom 22. Mai bis 31. Mai, d. h. für zehn Tage.

Salz für die Zeit vom 20. bis 31. Mai wird in der Menge des festgelegten Monatsatzes ausgegeben.

Bohnenkaffee und echter Tee wird vom 25. bis 31. Mai ausgegeben, Kaffee-Ersatz vom 21. bis 31. Mai in der Menge des festgelegten Monatsatzes.

Die Ausgabe der Lebensmittelkarten mit den neu festgelegten Sätzen an die gesamte Berliner Bevölkerung erfolgt spätestens am 14. Mai ds. Js.

Bis zum 15. Mai erfolgt die Zuteilung der Lebensmittel, entsprechend den zeitweiligen Sätzen der früher an die Bevölkerung ausgegebenen Lebensmittelkarten, welche bis zum 14. Mai in Kraft bleiben.

STADTVERWALTUNG VON BERLIN.

Während die Sowjets in Berlin und besonders in deren Westsektoren rasch das demontierten, was ihnen wertvoll erschien, organisierte die SMAD die Versorgung der Bevölkerung mit Lebensmitteln. Seit 15. Mai 1945 galten die hier genannten Verpflegungssätze. | *Foto: Slg. Kuhlmann*

Am Potsdamer Platz im sogenannten Drei-Länder-Eck – hier stießen der sowjetische, amerikanische und britische Sektor aufeinander – blühte ebenfalls der Schwarzhandel, an dem sich selbst sowjetische Soldaten beteiligten. | *Foto: Slg. Kuhlmann*

Die Bahnpolizei – hier in der amerikanischen Besatzungszone – kontrolliert im Einsatz, ob Güterwagen aufgebrochen wurden.
| *Foto: BD Karlsruhe, Archiv Eisenbahnstiftung*

Die Bahnschutzpolizei (seit Dezember 1945 Bahnpolizei genannt, die dem am 10. September 1945 gebildeten Bahnschutz-Hauptamt unterstand) ging zwar gegen Diebe im Güterverkehr vor (Kohlenklau von offenen Fahrzeugen, aufgebrochene Güterwagen), kontrollierte genauso Reisende, welche und wie viele Waren sie aus dem Umland mitbringen; waren es zu viele, wurden diese meistens ausgehungerten Menschen als »Schwarzhändler« gebrandmarkt, die Naturalien konfisziert und die Menschen bestraft.

Sogenannte »Hamsterfahrten« gab es in der Nachkriegszeit überall. Und daran beteiligten sich alle Familien-Mitglieder, wie das Bild beweist.
| *Foto: Walter Hollnagel, Archiv Eisenbahnstiftung*

»Eine Sonderstreife ist auf Por (Potsdamer Ringbahnhof) eingesetzt und hat bisher mehr als 100 000,- Reichsmark beschlagnahmen können. Jeder Schwarzhändler wird außerdem mit einer Bahnpolizeistrafe von 10,- RM belegt. Erhebliche Mengen von Schwarzhandelsware wurden sichergestellt und zu Gunsten der Reichsbahn verwertet.«, heißt es in einem handschriftlichen Entwurf zu einer DR-Chronik [5.02]. »Eine wirksame Bekämpfung der Diebstähle auf Bahngebiet war bisher nicht möglich, da den Beamten keinerlei Abwehrmittel zur Verfügung standen. Kürzlich hat die Besatzungsbehörde die Lieferung von Gewehren und Pistolen zugesagt, so daß unsere Beamten künftig Dieben nicht wehrlos gegenüberstehen werden.« [5.02]

Mit Verkaufskontingenten für zuschlagfreie Züge und später mit Zulassungskarten für die wenigen Schnellzüge versuchte man, der katastrophalen Situation im Reiseverkehr Herr zu werden. Und das trotz der zeitweise bestehenden Reisebeschränkungen und nächtlicher Ausgehverbote. Kohlenmangel zwang oft, bereits eingelegte Züge – sowohl im Reise- als auch im Güterverkehr – ausfallen zu lassen, sofern überhaupt betriebsfähige Lokomotiven vorhanden waren. Der durch den Wiederaufbau ausgelöste zunehmende Güterverkehr zwang zeitweise dazu, das Angebot von Reisezügen einzuschränken. Die jetzt nur eingleisigen Strecken waren sehr belastet, auch von Zügen der Besatzungsmacht und der mit Umsiedlern aus den jetzt polnischen Gebieten.

Anfangs wurden Reisende gar in Güterzügen befördert, sowohl in offenen als auch in gedeckten Wagen; jeder war froh, überhaupt eine Fahrgelegenheit gefunden zu haben. In den wenigen Reisezügen waren fehlende Fensterscheiben durch Pappe oder Holz ersetzt, selten mit kleinen Fenstern versehen. Dunkelheit herrschte in den Zügen, am Tage wie auch nachts. Glühbirnen aus den Personenwagen – sofern vorhanden – wanderten oft in den Privatbesitz, konnten wegen unterschiedlichen Spannungen aber nicht verwendet werden. Fahrkarten in den überfüllten Zügen zu kontrollieren, war fast unmöglich. Obwohl viele ohne Fahrausweis fuhren, nahm die Zahl der Nachlösungen im Zug durch das Zugpersonal drastisch zu. Am 1. April 1946 wurden deshalb die Fahrpreise auf das Doppelte erhöht (nicht bei der S-Bahn), um das Reisebedürfnis einzudämmen; doch es half wenig; in der 1. Klasse betrug jetzt der Preis 17,4 Pfennig pro Kilometer, in der 2. Klasse 11,6 Pfennig und in der 3. Klasse 8,0 Pfennig.

Zusätzlich zum starken Reiseverkehr fuhren Züge für Umsiedler aus den ehemaligen deutschen Gebieten östlich von Oder und Neiße, hier bei der Ankunft auf dem Güterbahnhof Berlin-Pankow.
| *Foto: Bundesarchiv, Bild 183-1983-0422-312, Foto: Otto Donath*

Währungsreformen in West und Ost

Mit ihren Londoner Empfehlungen vom 7. Juni 1948 als Ergebnis der Sechs-Mächte-Konferenz legten die westlichen Alliierten zusammen mit den Benelux-Staaten die Richtung der wirtschaftlichen Entwicklung in den drei Westzonen fest, nachdem sie sich mit den sowjetischen Vertretern nicht einigen konnten. Diesem Konferenzergebnis waren Vier-Mächte-Verhandlungen im Dezember 1947 und die Konferenz der Ministerpräsidenten aller deutschen Länder im Juni 1947 in München vorausgegangen. Hilflos protestierte Marschall Sokolowski gegen die Londoner Empfehlungen im Alliierten Kontrollrat in Berlin und verließ ihn demonstrativ. Ziel der Westmächte war es, das wirtschaftliche Potential Deutschlands nicht zu demontieren, wie das jetzt in der sowjetisch besetzten Zone (SBZ) zum Erfüllen der Reparationsforderungen geschah, sondern stattdessen aufzubauen, weiterzuentwickeln, damit die Alliierten aus der laufenden Produktion

Den Dollar-Noten recht ähnlich waren die neuen Geldscheine der Westzonen (a) und später auch West-Berlins (b, wie a, jedoch mit B gestempelt und/oder perforiert) nach der Währungsreform 1948.

| *Abbildung: Slg. Kuhlmann*

ihren zustehenden Anteil entnehmen konnten. Das wollte die Sowjetunion nicht, weil die wirtschaftliche Bindung und Abhängigkeit zur Siegermacht verloren gegangen und zugleich die Einflusssphäre der damaligen Sowjetunion in Europa verringert worden wäre. Zweifellos wurden wegen der Starrköpfigkeit der Sowjets mit den Londoner Empfehlungen die Grundlagen für eine zunächst wirtschaftliche und später auch für die politische Spaltung Deutschlands gelegt.

Auf ökonomischem Gebiet war das die am 18. Juni 1948 von den westlichen Alliierten bekanntgegebene separate Währungsreform für die Westzonen, die am 20. Juni 1948 wirksam wurde. Die Berliner Westsektoren sollten nicht einbezogen werden. [5.03] schildert die politische Situation: »*Am folgenden Tag erließ die SMAD einen Aufruf, das neue Geld sei in der SBZ und in Groß-Berlin nicht zugelassen, ggf. seien zur Verhinderung wirtschaftlicher Desorganisation 'weitere Maßnahmen' erforderlich. Es setzten scharfe Kontrollen und Behinderungen, aber noch keine vollständige Blockade ein. Am 22. Juni 1948 kündigte Sokolowski den Westmächten an, die Sowjetunion sei gezwungen, aufgrund der schwierigen Lage jetzt in ihrer Zone und in Groß-Berlin eine Währungsreform durchzuführen. Am gleichen Tag erörterten Finanzexperten der vier Mächte die Auswirkungen getrennter Währungen auf Berlin. Mit dem sowjetischen Vorschlag, die Ost-Währung in ganz Berlin einzuführen, erklärte sich nur der französische Vertreter einverstanden, während er von den angelsächsischen Mächten abgelehnt wurde. Als es zu keiner Einigung kam, verfügten die Sowjets die Gültigkeit ihrer Währung auch in den Westsektoren. Daraufhin dehnten die Westmächte ihre Währungsreform am 23. Juni 1948 auf ihre Sektoren aus. In der folgenden Nacht begannen Sperrungen im gesamten Personen- und Güterverkehr, in den Lebensmittel- und Stromlieferungen. Daraufhin wurde schon am 24. Juni 1948 eine westliche Gegenblockade wirksam: Aus der Bizone kamen keine Kohle- und Stahllieferungen mehr in die Ostzone*«, und damit hatte die DR ihre Dampflokomotiven auf Braunkohlefeuerung umzustellen.

Die sogenannten »Schutzmaßnahmen« der SMAD waren nur so lange gerechtfertigt, bis auch in der SBZ eine Währungsreform durchgeführt worden war, um die Ostzone nicht mit entwerteter Reichsmark der Westzonen zu überschwemmen.

Überstürzt fand am 24. Juni 1948 im Osten diese Reform statt, bei der mangels neuer Geldscheine die alten Noten mit einem aufgeklebten Coupon verwendet wurden (»Coupon-Mark«). Mit »technischen Schwierigkeiten« begründeten die Sowjets offiziell die »Berliner Blockade« und damit den ersten Höhepunkt im Kalten Krieg. Marschall Sokolowski forderte am 29. Juni 1948 – wenige Tage nach Beginn der Blockade –, den Interzonenhandel wieder aufzunehmen. Interalliierte Verhandlungen in Moskau im August 1948 endeten mit der Direktive an die Berliner Kommandanten, die Blockade aufzuheben und in ganz Berlin die Ost-Währung einzuführen; sie scheiterte jedoch an der technischen Umsetzung [5.03].

Als »Coupon-Mark« bezeichnete man die alten Reichsbankscheine, die mit einer Klebemarke versehen nach der separaten Währungsreform im Westen im Osten gültiges Zahlungsmittel wurden (a). Danach gab die DDR neue Banknoten heraus (b), die 1957 durch andersfarbige ersetzt wurden, aber bereits 1955 gedruckt worden waren.

Abbildung: Slg. Kuhlmann

Schließlich wurde am 4. Mai 1949 in New York das »Vier-Mächte-Abkommen betreffend die Beendigung der Blockade West-Berlins« unterzeichnet, das Vereinbarungen über die Verwaltung Deutschlands und über den Verkehr zwischen den Besatzungszonen, insbesondere über den Zugang von den westlichen Besatzungszonen nach Berlin, traf. Auf der Basis dieses Abkommens legten Vertreter beider Eisenbahnverwaltungen unter Teilnahme von Vertretern der Besatzungsmächte entsprechende Grundsätze für den Zugverkehr fest. Am 12. Mai 1949 fuhren wieder die ersten Interzonenzüge sowie die ersten Lkw-Kolonnen über die Autobahn.

Welche Währung galt in der geteilten Stadt? Seit 20. Mai 1949 galt in West-Berlin die DM-West als alleiniges Zahlungsmittel, obwohl die Reichsbahn seit 7. April 1949 in West-Berlin beide Währungen beim Kauf von Fahrkarten annahm. Erst ab 1. Juni 1949 verlangte auch sie in West-Berlin nur noch DM-West, um ihre Eisenbahner nach dem vom Osten als Putsch bezeichneten UGO-Streik zumindest teilweise in Westgeld bezahlen zu können.

Während des UGO-Streiks kam es am 21. Mai 1949 zu Auseinandersetzungen zwischen Ost-Berliner Bahnpolizei und streikenden Eisenbahnern, wie hier in Tempelhof.
| *Foto: Slg. Kuhlmann*

Der Ein-Tages-Tarif 1949 für die S-Bahn und dessen Drahtzieher

Bei der Berliner S-Bahn galt seit 1. Oktober 1944 unverändert der sogenannte Kriegstarif [5.04], dessen Fahrpreise im September 1945 – wie im Fernverkehr – auf Anordnung der Alliierten nicht verdoppelt worden waren. Die seit 1944 gültige starre Zonenstruktur für den Preisstufentarif bestand prinzipiell bis zum 31. Juli 1991 (!), abgesehen von geringfügigen Korrekturen und Ergänzungen (seit 1. Dezember 1962 galt westlich Berlins eine neue Zonenstruktur infolge der nötigen Umfahrung West-Berlins, dort galt ab 1. September 1972 ein Einheitstarif). Selbst ein Fachmann stellte rückschauend fest: Der Kriegstarif *»übertraf jedoch an Einfachheit und Übersichtlichkeit alle bisherigen Tarife des Berliner Stadt-, Ring und Vorortverkehrs. Die beiden letztgenannten Eigenschaften sind der Grund dafür gewesen, daß er nach Beendigung des Krieges zur Grundlage der weiteren Tarifentwicklung des Berliner S-Bahn-Verkehrs geworden und bis zur Gegenwart geblieben ist«* [5.05]. In seinem historischen Rückblick verschweigt er jedoch den nur am 10. Mai 1949 gültigen S-Bahn-Tarif, der ebenfalls auf starren Zonen aufbaute, aber die Einnahmen der DR an Westgeld steigern sollte [5.06].

Für diesen Tarif wurde die bisherige Zone 1, die den Bereich der Stadt-, Ring und Nord-Süd-S-Bahn sowie der anschließenden Bahnhöfe umfasste, in zwei Zonen aufgeteilt. Die bisherigen Zonen 2 und 3 wurden damit zu den Zonen 3 und 4. Die bisherigen Zonen 4 und 5, die bereits Bahnhöfe in den Vororten betrafen, fasste man zur neuen Zone 5 zusammen, während die bisherigen Zonen 6 bis 8 (ohne Bahnhöfe) als Preisstufen für den Verkehr der Vorortstrecken untereinander durch Berlin erhalten blieben.

Anders entwickelten sich die Fahrpreise in den einzelnen Preisstufen. Traten zwischen ihnen bisher unterschiedliche Sprünge von 10, 20 und gar 30 Pfennigen auf, bestand am 10. Mai 1949 zwischen den Preisstufen ein konsequenter Unterschied von 10 Pfennigen, mit Ausnahme der seltenen Preisstufe 8 (40 Pfennig Differenz). Damit entstand der Eindruck, dass für die Fahrgäste trotz zusätzlicher Zone durchweg Vergünstigungen eintreten würden. Ein Blick auf die Gegenüberstellung lässt sowohl Vor- als auch Nachteile erkennen. Wenn man jedoch weiß, dass auf der Stadt-, Ring- und Nord-Süd-S-Bahn sowie zwischen den Bahnhöfen der früheren Zonen 1 und 2 das Schwergewicht des Verkehrs liegt – also in den neuen Zonen 1 bis 3 –, wird das Ausmaß der Teuerung deutlich!

Während einst jede überfahrene Tarifzonengrenze gleich der Preisstufe entsprach, galt jetzt grundsätzlich die Preisstufe 1 plus die Zahl der überfahrenen Tarifzonengrenzen als Aufschlag; ein weiteres Mittel, um die Fahrpreise anzuheben. Darüber konnten auch die nur für die neuen Preisstufen 2 und 3 eingeführten ermäßigten Rückfahrkarten nicht hinwegtäuschen, die immer noch teurer waren als nach dem alten Tarif.

> Sogenannte »S-Bahn-Spinne« mit den Tarifzonen vom November 1951, die auch 1949 galten. Die Vorortstrecke nach Basdorf ist erst 1950 in den S-Bahn-Tarif einbezogen worden.
| *Slg. Kuhlmann*

Stadt-Ring-u.
Nordsüdbahn - - - - - - -
1. Zone -·-·-·-
2. " -··-··-··-
3. " -···-···-
4. " ————
5. " Fürstenwalde

Berliner S-Bahn

Zoneneinteilung

S BAHN

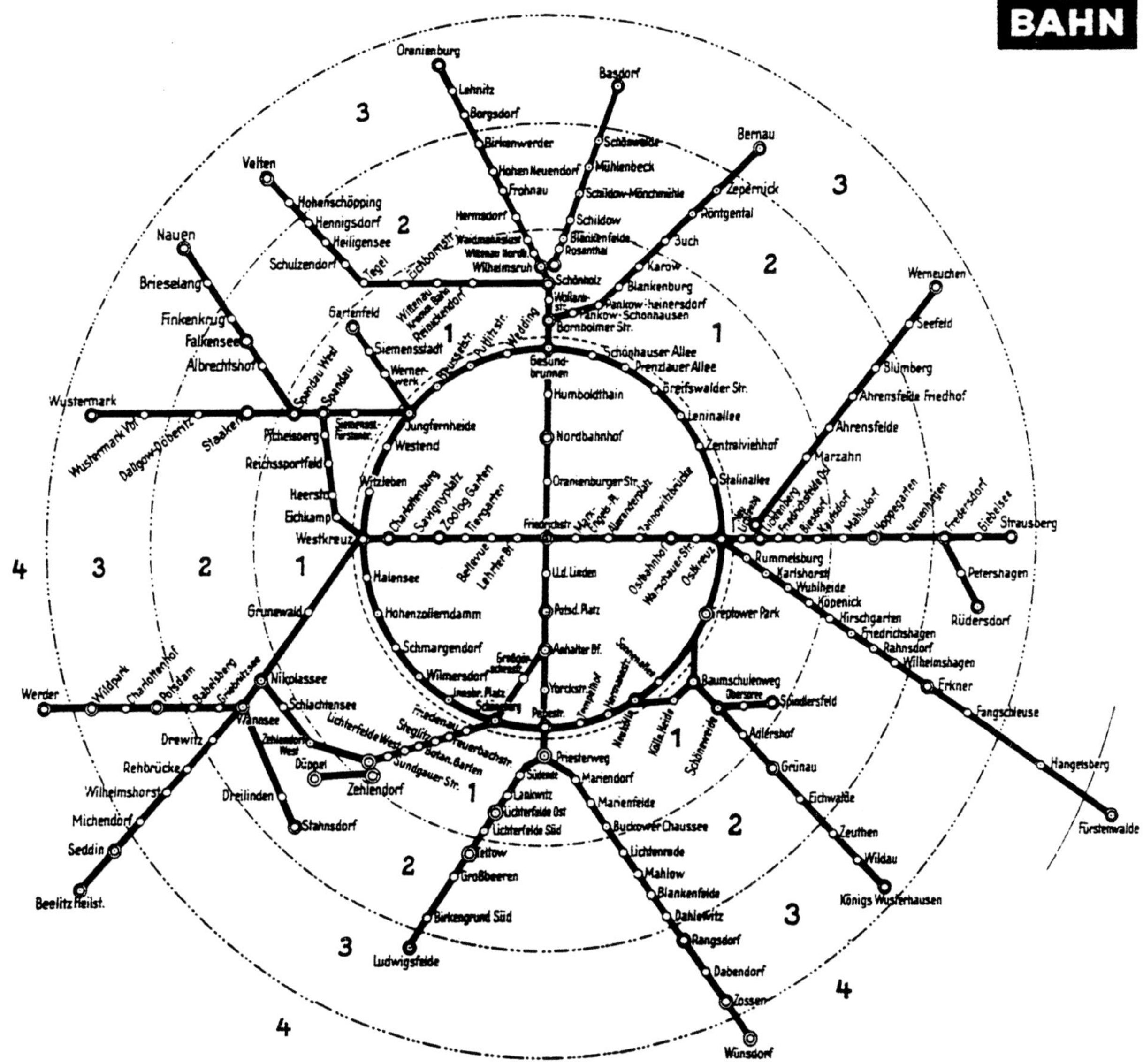

Fahrpreise der Einzelkarten:

Preisstufe 1 - 0,20 DM
" " 2 - 0,30 "
" " 3 - 0,50 "
" " 4 - 0,70 "
" " 5 - 1,00 "
" " 6 - 1,10 "
" " 7 - 1,20 "
" " 8 - 1,30 "

Nur für den
Dienstgebrauch!

Nicht zum Aushang!

Plz 46/14 51 S-Bahn 6 Tpiba 20. 11. 51 Bau 3

Berliner S-Bahn-Tarife von 1944 und 1949

Der neue Tarif begünstigte eindeutig Fahrten in das entfernte Umland sowie lange Fahrten durch die Stadt, verlangte aber im Stadtgebiet höhere Fahrpreise. Da fast zwei Drittel der Vier-Sektoren-Stadt zu den Westsektoren gehörten, wurden deren Einwohner finanziell mehr belastet. Selbst die Ost-Berliner »Neue Zeit« gestand am 5. Mai 1949 ein: »Das Zurechtfinden in diesem Tarifgestrüpp ist beinahe eine Doktorarbeit!«

Einzelfahrkarten nach diesem neuen Tarif waren grundsätzlich nur am Lösungstag gültig – durften also nicht im Voraus gekauft werden – und bei Fahrten in eine andere Zone auch noch richtungsabhängig. Statt der bisherigen Zeitkarten gab es (ggf. richtungsabhängige) Fahrscheinhefte für 10, 20 und 30 Einzelfahrten, die nur im Lösungsmonat gültig waren und die keine Ermäßigung boten. Nur Beschäftigte mit einem Einkommen unter 300 DM-Ost, Schwerbeschädigte mit evtl. einem Begleiter und Schüler des Ostsektors und der SBZ erhielten gegen entsprechende Nachweise um 20, 25 bzw. 50 Prozent ermäßigte Fahrscheinhefte bei bestimmten Fahrkartenausgaben im Ostsektor. Die Fahrkarten und Fahrscheinhefte unterschieden sich nach den Währungsgebieten: die gegen Ostgeld hatten einen schwarzen Aufdruck, die gegen West-Mark einen roten.

Der neue Tarif führte bereits am frühen Morgen des 10. Mai 1949 auf allen Bahnhöfen zu Schlangen vor Fahrkartenausgaben und Bahnsteigsperren, zeitweilig standen bis zu 700 Personen über eine Stunde an. Im Hause der Reichsbahndirektion Berlin herrschte an diesem Morgen Aufregung: Eine Konferenz löste die andere ab, die Funktionäre standen in ständiger telefonischer Verbindung mit der Transportverwaltung der SMAD in Berlin-Karlshorst.

Tabelle 5.1: Gegenüberstellung der Tarifzonen und Preisstufen der Berliner S-Bahn-Tarife von 1944 und 1949

Tarifzonen 1944 bis 1991	Preisstufen 1944	Tarifzone 10. Mai 1949	Preisstufen 10. Mai 1949	ermäßigte Rückfahrkarte 10. Mai 1949
Stadt-, Ring- u. Nordsüdb.	-,20	1	-,20	---
1	-,20	2	-,30	-,50
2	-,30	3	-,40	-,70
3	-,50	4	-,50	---
4	-,70	5	-,60	---
5	1,--	5	-,60	---
6	1,10	6	-,70	---
7	1,20	7	-,80	---
8	1,30	8	1,20	---

Lange Menschenschlangen vor den S-Bahn-Fahrkartenschaltern, wie hier am S-Bahnhof Feuerbachstraße, kennzeichneten den 10. Mai 1949.
| *Foto: Slg. Kuhlmann*

Nr. 1077 vom 03.Mai 1949

Tariferhöhung der S-Bahn

Obwohl die Verfügung mit dem Aktenzeichen Pr (9) V. 5 TP über die Tarifänderung im Berliner S-Bahnverkehr bereits am 28.April von dem Vizepräsidenten der Eisenbahndirektion Berlin, K e l l n e r (SED), unterschrieben worden ist – und sie am gleichen Tage noch gedruckt wurde, haben Bahnhöfe sie auch gestern noch nicht erhalten. Die Unklarheiten des Textes sind nämlich so groß, daß sich die Eisenbahndirektion gestern nachmittag gezwungen sah, die Einführung des neuen Tarifs um fünf Tage, auf den 10.Mai 1949, zu verschieben.

In einer für heute vormittag um 10 Uhr in Karlshorst anberaumten Konferenz an der deutscherseits neben dem Verkehrsreferenten der Eisenbahngeneraldirektion, Dr. Spieß (SED), auch Vertreter der Deutschen Wirtschaftskommission teilnehmen, sollen die strittigen Fragen geklärt werden. Dabei geht es in erster Linie darum, die Bestimmung aufzuheben, daß Karten nur noch einen Tag lang gelten sollen. Außerdem soll die in der Verfügung völlig offen gelassene Frage, wer zum Bezug der ermäßigten Fahrscheinhefte berechtigt ist, diskutiert werden. Die Bestimmung, daß die Fahrscheinhefte stets nur in einer Fahrtrichtung gelten sollen, so daß die Reisenden für Hin- und Rückfahrt je ein besonderes Fahrscheinheft benötigen, erscheint den deutschen Vertretern so widersinnig, daß sie auch diesen Punkt erörtern wollen. Als Viertes steht der sogenannte "Eckverkehr" auf der Karlshorster Tagesordnung: bei der neuen Tarifordnung müßte der Reisende aus Preisstufe 1, wenn er nach Preisstufe 5 fährt und dabei die Zentralzone berührt, eventuell statt des normalen Fahrpreises von 60 Pfennig einen solchen von 1 Mark 20 bezahlen. **Mai**

Nr. 1085 vom 12.Mai 1949

Der Schuldige

Das mißglückte Experiment der Eisenbahn mit den neuen S-Bahn-Tarifen, die schon nach einem Tage widerrufen werden mußten, wird von dem Blatt des kommunistischen FDGB, "Tribüne", scharf kritisiert. Das kommunistische Blatt verlangt: "Wer das verschuldet hat, gehört zur Verantwortung gezogen." Was dem FDGB bisher offenbar vorborgen geblieben ist, wissen alle Berliner. Der "das verschuldet hat", ist der Chef der Transportabteilung der SMA, Generalmajor K w a s c h n i n, jener Eisenbahnfachmann, der vor einem Jahre die "technischen Störungen" auf der Strecke Marienborn – Helmstedt erfand und kurz darauf den Eisenbahnverkehr mit Westdeutschland einstellen ließ.

Die West-Berliner Zeitung »Sozialdemokrat« wusste bereits am 7. Mai 1949, die Anordnung für den neuen Tarif entsprang *»ausschließlich den Gedanken des Generals Kwaschnin, der alle erforderlichen Anordnungen und Maßnahmen bereits fertig vorliegen hatte und die deutschen Verwaltungsstellen nur zum Befehlsempfang in sein Hauptquartier nach Wendenschloß befohlen hatte.«* Die Vorbereitungszeit für den neuen Tarif – gewöhnlich brauchte man vier bis sechs Monate – war viel zu kurz, so dass es am 10. Mai 1949 zu chaotischen Zuständen kam ... Am nächsten Tag galt wieder der alte Tarif!

Obwohl in den Westsektoren seit 20. März 1949 die West-Mark galt, nahm die DR seit 7. April 1949 gleichermaßen Ost- und West-Geld unabhängig vom Sektor an. Erst nachdem dieser sogenannte Ein-Tages-Tarif gescheitert war, verlangte die DR ab 1. Juli 1949 grundsätzlich beim Fahrkartenkauf in den Westsektoren West-Geld.

Die DR unternahm künftig nichts mehr, die Fahrpreise für die S-Bahn anzuheben. Der seit 1. Dezember 1973 in West-Berlin gültige Einheitstarif der S-Bahn stieg zwar stetig, ohne über den Fahrpreisen der senatseigenen BVG zu liegen.

Am Pranger der Zeitungskritik: Generalmajor Kwaschnin von der SMAD.

| *Abbildung: Repro aus »Tagesspiegel« vom 12. Mai 1949*

Schreiben Sie uns und gewinnen Sie!

Unter den Einsendern werden jeden Monat 10 Büchergutscheine im Wert von jeweils € 50,– verlost.

Lieber Leser,

vielen Dank für Ihre Antwort. Nur durch Ihre Anregungen und Ihre Kritik können wir uns ständig verbessern. Bitte schreiben Sie uns doch auf dieser Antwortkarte, wie Ihnen das Buch gefallen hat.

Autor und Titel des Buches:

Meine Meinung zu diesem Buch:

☐ sehr gut ☐ gut ☐ weniger gut ☐ nicht so gut

Kommentar:

Quellen:

[5.01]	*Reichardt, Hans D.: Daten und Bilder zum Reisen nach Berlin; Georg Siemens Verlagsbuchhandlung, Berlin 1987, Seite 53 – 58*
[5.02]	*Handschriftlicher Entwurf einer DR-Chronik ohne Datum, In: Akte DM 1-373 des Bundesarchivs, Außenstelle Berlin*
[5.03]	*Kleßmann, Ch.: Die doppelte Staatsgründung - Deutsche Geschichte 1945 - 1955; hrsg. von der Bundeszentrale für politische Bildung (Schriftenreihe Studium zur Geschichte und Politik, Nr. 298), Bonn 1991, Seite 130, 135, 191, 192 (Zitat), 216, 272, 274*
[5.04]	*Barthelmeß: Kriegstarif bei der Berliner S-Bahn; In: Zeitung des Vereins Mitteleuropäischer Eisenbahnverwaltungen [Berlin], 84 (1944), Nr. 21, Seite 311 – 317*
[5.05]	*Wormann, Peter: Zur Geschichte des Berliner S-Bahntarifs; in: Der operative Dienst [Berlin], 9 (1965), Heft 3, Seite 100 – 101, Heft 4, Seite 132 – 133 (Zitat)*
[5.06]	*Schreck, Karl-Heinz: Das Tariffiasko bei der S-Bahn im Jahre 1949; in: Berliner Verkehrsblätter [Berlin], 13 (1966), Nr. 3, Seite 30 – 33*

Zeittafel

1945

6. Mai: Auf der Normalspurstrecke Küstrin-Kietz – Berlin-Lichtenberg treffen ein Zug mit 23 Wagen Getreide und ein Zug mit 25 Wagen Lebensmittel sowie später zwei weitere Züge mit Briketts für die Berliner Bevölkerung ein.

8. Mai: Bei Kriegsende sind in der sowjetischen Besatzungszone (SBZ) an Bahnanlagen und Fahrzeugen zerstört (in Prozent): Strecken zu 13,8, Stahlbrücken 19,5, Steinbrücken 8,0, Stellwerke 19,0 Empfangsgebäude 14,0, Bahnsteighallen 54,0, Geschäftsgebäude 27,0, Wirtschaftsgebäude 33,0, Ausbesserungswerke und Hauptwerkstätten 66,0, Lokomotiven 56,0, Personenwagen 59,0, Güterwagen 20,0.

14. Mai: Die ersten U-Bahnen fahren wieder zwischen Bergstraße (dann Karl-Marx-Str.) und Gardepionierplatz (dann Südstern). Ende Mai sind 29 Prozent des U-Bahn-Netzes befahrbar.

17. Mai: In Berlin-Neukölln trifft der erste Güterzug mit Braunkohle über die Strecke der Neukölln-Mittenwalder Eisenbahn (N.M.E.) aus dem Senftenberger Revier ein.

25. Mai: Von Berlin fährt der erste Durchgangsgüterzug nach Dresden.

6. Juni: Die Berliner S-Bahn fährt wieder zwischen Wannsee und Schöneberg.

16. Juli: Mit einem sowjetischen Regierungszug fährt Diktator Stalin auf Breitspur von Moskau nach Potsdam zur Konferenz der Regierungschefs der alliierten Besatzungsmächte, die vom 17. Juli bis 2. August im Schloss Cecilienhof stattfand.

28. Juni: Auf dem Schlesischen Bahnhof trifft der »Blaue Express« auf Breitspur von Moskau ein, der Militärangehörigen vorbehalten ist.

27. Juli: Mit Befehl Nr. 17 der Sowjetischen Militäradministration (SMAD) werden in der SBZ elf Zentralverwaltungen gebildet, darunter die Deutsche Zentralverwaltung für Verkehr (DZVV), deren Chef Dr. Fitzner wird.

6. August: Generalmajor Kwaschnin, Chef der Transportabteilung der Sowjetischen Militäradministration in Deutschland (SMAD) erlässt Befehl Nr. 4 »Zur Formierung besonderer Kolonnen«, die deutsche Reparationsgüter mit deutschem Personal in die Sowjetunion abzufahren haben. Rund 520 Lokomotiven und 2500 Eisenbahner werden dafür herangezogen und fehlen im Verkehr der SBZ.

20. August: Von Berlin über Erfurt nach Bad Salzungen fährt der erste Schnellzug.

26. August: Vom Anhalter Bahnhof in Berlin über Cottbus nach Dresden-Neustadt wird der Schnellzug-Verkehr aufgenommen.

5. Oktober: Mit einem Reisegenehmigungsverfahren wird der Reisezugverkehr weiter eingeschränkt, um Betriebsmittel für lebenswichtige Transporte einsetzen zu können.

1946

9. Februar: Die SMAD befiehlt DR-Generaldirektor Willi Besener ab 13. Februar montags, mittwochs und freitags Personenzüge für den Rücktransport der Rote Armee einzusetzen, und zwar Schwerin – Erkner, Magdeburg – Erkner, Weimar – Falkenberg (Elster) – Uckro – Lübben – Berlin – Erkner und Dresden – Erkner. In Erkner musste zur Fahrt in die Sowjetunion auf Breitspur-Fahrzeuge umgestiegen werden.

29. März: Mit Befehl Nr. 95 befiehlt die SMAD, den Abbau der Anlagen der elektrischen Zugförderung in Mitteldeutschland.

1. April: Um den starken Reiseverkehr einzudämmen, werden die Fahrpreise auf das Doppelte erhöht, nicht bei der Berliner S-Bahn.

August: Der Fernwahlbetrieb im Basa-Netz von Berlin nach Halle, Erfurt und Dresden wird wieder aufgenommen, im September folgen die Linien nach Schwerin, Cottbus und Greifswald.

4. Mai: Der Berliner Magistrat beschließt das Wohnsiedlungsgesetz, nachdem das gesamte Stadtgebiet zum Wohnsiedlungsgebiet erklärt wurde.

August: Weil ein großer Teil der erhalten gebliebenen Personen- und Triebwagen von den Besatzungsmächten beschlagnahmt wurde, werden Wagen aller Art – auch Güterwagen – ohne Inneneinrichtung als »Stehwagen« eingesetzt.

27. November: Mit dem ersten Kursbuch der DR nach dem Krieg wird für den Behörden- und Geschäftsverkehr die neue Zuggattung »Dienst-D-Zug (DD)« eingerichtet.

1947

27. April: Mit Inbetriebnahme der U-Bahn zwischen Hallesches Tor und Gleisdreieck sind sämtliche U-Bahn-Linien nach dem Krieg wieder befahrbar. Allerdings werden die U-Bahnhöfe Möckernbrücke, Kaiserhof (dann Thälmannplatz, Mohrenstr.) und Hausvogteiplatz ohne Halt durchfahren. Der U-Bahnhof Osthafen entfällt.

Mai: Auf den Strecken Berlin – Halle – Eisenach und Berlin – Riesa – Dresden verkehren Geschäftszüge (DD-Züge), deren Benutzung nur mit Zulassungskarte möglich ist, die der Reisende nur nach Vorlage einer Reisegenehmigung der Industrie- und Handelskammer erhält.

1948

2. Juni: 24-stündige Verkehrsruhe bei der BVG in allen vier Sektoren, damit zusätzliche Lebensmittel und Bekleidung für das Fahr- und Werkstattpersonal bereitgestellt werden.

3. Juni: Generalmajor Kotikow verkündet als sowjetischer Stadtkommandant Befehl Nr. 20, mit dem die rechtliche und materielle Lage der Arbeiter und Angestellten in den Industrie- und Transportbetrieben des sowjetischen Sektors in Berlin verbessert wird.

30. November: Im Osten Berlins wird unter Führung der Sozialistischen Einheitspartei (SED) ein eigener Magistrat gebildet.

1949

20. März: In West-Berlin gilt die DM-West als einziges Zahlungsmittel.

28. März: An den Sektorengrenzen werden 11 Straßenbahn- und 2 Omnibus-Linien unterbrochen.

1. Juni: DR verlangt in den Westsektoren beim Kauf von Fahrkarten usw. nur noch DM-West.

1. September: In Ost-Berlin wird eine eigene BVG-Direktion eingerichtet.

Quellen:
Hartung, Karl-Heinz/Preuß, Erich: Chronik deutsche Eisenbahn 1835 – 1995; Stuttgart 1996
Preuß; Erich u. Reiner: Die Chronik der Deutschen Reichsbahn 1945 – 1993; München 2009
-: Vom Knüppeldamm zum Hauptbahnhof – Daten und Fakten zur Verkehrsgeschichte der Stadt Berlin; hrsg. vom Zentralen Forschungsinstitut des Verkehrswesens der DDR (ZFIV), Berlin 1987

Der Potsdamer Bahnhof im Jahre 1957 von der Gleisseite: Links der Wannseebahnhof, in der Mitte der Fernbahnhof und rechts der Ring- und Vorortbahnhof.
| *Foto: Günter Meyer(†)*

Der Krieg und die Luftangriffe hinterließen am Potsdamer Bahnhof nur Ruinen.

| *Foto: mauritius images/Alamy Stock Photos/Magite Historic*

Der zerstörte Anhalter Bahnhof in Berlin von Südosten aus der Luft gesehen. Trotz der Bombeneinschläge ist die Halle und das Gebäude noch recht gut erhalten. Auf dem Vorfeld scheint bereits etwas Betrieb zu sein, trotz der schwersten Luftangriffen auf Berlin. Das Bahngelände wurde viel später beräumt, die Bahnhofshalle 1959 gesprengt, von der heute nur der Portikus als Denkmal stehen geblieben ist.
| *Foto: mauritius images / Alamy Stock Photos / Magite Historic*

Der Straßenbahnhof Kreuzbergstraße/Ecke Großbeerenstraße ist am 30. Januar 1944 bei einem Luftangriff zerstört und nicht wieder in Betrieb genommen worden.
| *Foto: mauritius images / Keystone / STR*

Der stark zerstörte Potsdamer Bahnhof mit seinen Ring- und Wannsee-(Flügel-)Bahnhöfen nach dem Krieg, wurde aber bereits im Februar 1945 nach einem Luftangriff geschlossen. Links vom Potsdamer Bahnhof steht die Ruine des Hauses Vaterland, ein großer Gaststättenbetrieb und Vergnügungspalast, der bereits 1943 kriegsbedingt ausbrannte. An diesem Haus führt die Köthener Straße nach Süden. Das Gebäude befand sich im russischen Sektor, die Köthener Straße dagegen in den Westsektoren, so dass das ausbaufähige Haus nach dem Mauerbau im August 1961 nicht mehr genutzt und 1976 abgetragen wurde. Die Fläche des ehemaligen Potsdamer Bahnhofs wurde als Grünfläche zum Tilla-Durieux-Park. Die Ruine des Bahnhofsgebäudes ist 1958 abgerissen worden, das Gelände blieb unbebaut. Im Juni 1972 kam es mit einem Gebietsaustausch zu West-Berlin.

| *Foto: mauritius images/Keystzone/STR*

Die leere Halle des Lehrter Bahnhofs nach Kriegsende. Das 1871 errichtete Gebäude wurde bis 28. August 1951 für den Reiseverkehr genutzt, und 1957/58 abgetragen.

| *Foto: mauritius images / Alamy Stock Photos / ZUMA Press*

Die beiden Fernbahnsteige in Charlottenburg dienten nach Kriegsende der britischen Besatzungsmacht. Erst 1972/75 erhielt der Bahnhof ein neues Empfangsgebäude, dessen bisheriges im Krieg zerstört wurde.

| *Foto: mauritius images/Alamy Stock Photos/Wolfgang Arnold*

Nach Bombenhagel und Kriegshandlungen entstand über 60 Jahre später in der deutschen Hauptstadt ein neu geordnetes Bahnnetz ohne Kopfbahnhöfe. Ein Schienenkreuz unterm Glasdach ist der neue, am 26./28. Mai 2006 eingeweihte zentrale Bahnhof auf dem Gelände des früheren Lehrter Bahnhofs. Hier kreuzen auf verschiedenen Ebenen die Stadtbahn (+2-Ebene) mit S-Bahn-, Regional- und Fernverkehr mit drei Bahnsteigen mit dem neuen Nordsüd-Fernbahn-Tunnel (-1-Ebene) für den Regional- und Fernverkehr mit vier Bahnsteigen. Angeschlossen an den neuen Bahnhof ist die U-Bahn-Linie 5, eine neue, von Norden hereinführende S-Bahn-Linie 15 wird im Dezember 2023 folgen; Taxis, Busse und Straßenbahnen fahren auf den Vorplätzen.

Markante Zeichen des Glaspalastes sind die obere lichtdurchflutete, 321 Meter lange Bahnsteighalle (Bild Seite 126) mit den beiden, die Halle überspannenden Bügelbauten, unter der sich auf weiteren drei Ebenen Service- und Handelseinrichtungen befinden. Durch das gläserne Nord-Süd-Dach scheint die Sonne auch auf der untersten Ebene. Zum Umsteigen zwischen den einzelnen Ebenen legen Reisende maximal 400 Meter zurück; 54 Fahrtreppen, sechs Panorama-Lifte, zehn weitere Personen- sowie sieben Lastenaufzüge und feste Treppen unterstützen sie. Täglich sind es etwa 300 000 Fahrgäste, die hier ankommen, umsteigen, abfahren oder einkaufen, Restaurants aufsuchen, Fahrräder oder Autos mieten ..., alle 80 Geschäfte haben Pächter gefunden. 1270 Bahnen legen hier einen Halt ein: 800 S-Bahnen, 160 Fern- und 310 Regionalzüge.

Fotos: Kuhlmann

WEITERE INTERESSANTE BÜCHER ZUM THEMA

Fachautor Bernd Kuhlmann berichtet über die Planungen und Bauvorhaben der Deutschen Reichsbahn in Berlin nach dem Zweiten Weltkrieg, die aus ganz unterschiedlichen Gründen nie realisiert wurden. So entsteht ein Blick auf das Berliner Eisenbahnwesen aus einer ungewöhnlichen Perspektive.

144 Seiten, 200 Abbildungen,
Format 210 x 242 mm

ISBN 978-3-613-71639-1

€ 24,90 / € (A) 25,60

Mit dem Zug zum Flug′ kommen Reisende erst seit der Eröffnung des neuen Flughafens BER. Anders als der Flughafen war der neue Gleisanschluss pünktlich zum ursprünglich geplanten Eröffnungstermin fertig und sorgte so für weitere Probleme. Die interessante Geschichte erzählt Bernd Kuhlmann.

128 Seiten, 150 Abbildungen,
Format 230 x 265 mm

ISBN 978-3-613-71624-7

€ 19,95 / € (A) 20,60

Nach der Wiedervereinigung entstand im Norden Berlins mit den Stationen Gesundbrunnen, Bornholmer Straße und Schönhauser Allee ein wichtiges Schienenkreuz, dessen Bedeutung im Vergleich zu Süd- und Ostkreuz leicht unterschätzt wird. Dieses Buch beschreibt seine Geschichte, Entwicklung und Gegenwart.

160 Seiten, 350 Abbildungen,
Format 230 x 265 mm

ISBN 978-3-613-71608-7

€ 29,90 / € (A) 30,80

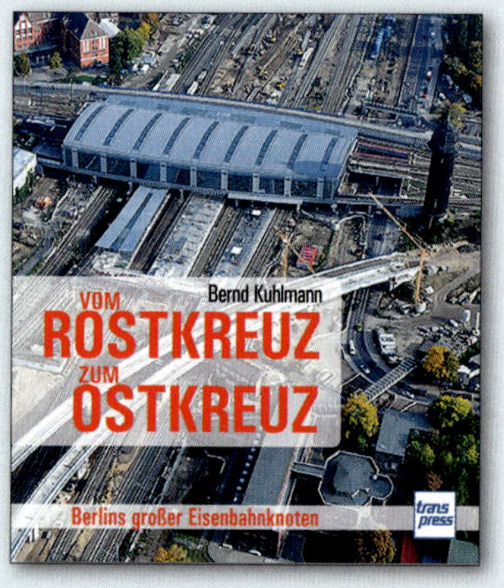

Vom Rostkreuz zum Ostkreuz: Dieser Band schildert mit großer Genauigkeit den aufwendigen Umbau des Berliner Bahnhofs zum modernen Verkehrsknoten, der zwölf Jahre dauerte und bei laufendem Verkehr stattfand – eine Herausforderung für Fahrgäste und Bauarbeiter.

184 Seiten, 150 Abbildungen,
Format 230 x 265 mm

ISBN 978-3-613-71580-6

€ 29,90 / € (A) 30,80

Leseproben zu allen Titeln auf unserer Internetseite

Stand Februar 2023
Änderungen in Preis und Lieferfähigkeit vorbehalten.

Überall, wo es Bücher gibt, oder unter
WWW.MOTORBUCH-VERSAND.DE
Service-Hotline: 0711 / 78 99 21 51

trans press

Übersichtskarte zum